隔着肚皮看人心

识己心理学

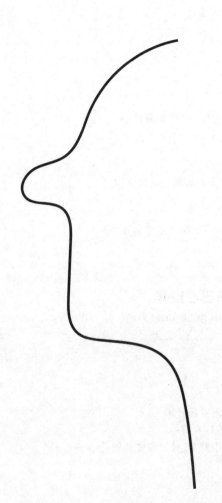

赵黎 编著

民主与建设出版社
·北京·

图书在版编目（CIP）数据

隔着肚皮看人心：读人识己心理学 / 赵黎编著 . ——
北京：民主与建设出版社，2024.4
ISBN 978-7-5139-4555-4

Ⅰ . ①隔… Ⅱ . ①赵… Ⅲ . ①心理学 – 通俗读物
Ⅳ . ① B84-49

中国国家版本馆 CIP 数据核字（2024）第 064314 号

隔着肚皮看人心：读人识己心理学

GEZHE DUPI KAN RENXIN DUREN SHIJI XINLI XUE

编　　著	赵　黎	
责任编辑	郭丽芳　周　艺	
封面设计	张景春	
出版发行	民主与建设出版社有限责任公司	
电　　话	（010）59417749　59419778	
社　　址	北京市海淀区西三环中路 10 号望海楼 E 座 7 层	
邮　　编	100142	
印　　刷	运河（唐山）印务有限公司	
版　　次	2024 年 4 月第 1 版	
印　　次	2024 年 6 月第 1 次印刷	
开　　本	880mm×1230mm　1/32	
印　　张	6.5	
字　　数	150 千字	
书　　号	ISBN 978-7-5139-4555-4	
定　　价	49.80 元	

注：如有印、装质量问题，请与出版社联系。

前　言

胆怯害怕，喝口大酒就能天不怕地不怕？

都已经明令禁止，咋还就管不住这到处乱刻"到此一游"的手？

谁都说着"为我好"，可我怎么就不觉得是为我好呢？

陌生人一靠近就发怵，是太胆小还是够谨慎？

那么美却嫌自己丑，她是在"凡尔赛"吗？

美女总爱嫁"野兽"，是咱审美不一样？

前路迷茫，不如算个命吧？

星座说咱不相配，那还能在一起吗？

是要胸口的朱砂痣，还是天边的白月光？

是一见钟情，还是见色起意？

左一个领导，右一个领导，到底听谁的？

……

人类的行为总是这么古怪，却又并非完全无迹可寻，只要抓住关键的"线头"，走到他的心里去，你就会发现——哇喔，原来那些让人百思不得其解的问题，答案就藏在这里呢！可关键的"线头"究竟在哪里呢？我们又要如何闯入一个人的心里，去寻找被埋藏的答案呢？

很久以前，一群对人类充满好奇心的学者就已经开始寻找答案了，他们用哲学去探讨人的身体与心灵、天性与教养、自由意志与决定，以及知识的来源。他们提出一个又一个论断，去探索，去思考，试图走进人的心灵，探索人的大脑，揭开一切关于思维、智慧与灵魂的秘密。

经过漫长的岁月洗礼，心理学终于作为一门独立的实验学科出现了，拥有了独属于自己的名称。人们也终于找到了抓住那个"线头"的方法——心理学。

人的一切行为都是有迹可循的，哪怕是再荒诞的行为，也有其内在的一套逻辑。心理学可以带给我们的最大帮助，就是让我们找到一套方法，去探寻和了解这些荒诞行为背后的逻辑。

如果你对这个世界充满好奇，如果你对身边的人充满探寻的渴望，那么不妨翻开这本书看一看，周围那些让你好奇不已的事情，人们那些出乎意料的举动，职场那些让人一头雾水的潜规则，或许都能在这本书中找到答案。

一起来探寻吧，这些超有意思的心理学，将会让你对自己、对他人、对人生、对命运，都产生一个全新的了解！

目 录

Contents

Part 1

读人识己的性格心理学

Part **3**

不为人知的怪癖心理学

Part 4

玄学妙事背后的神奇心理学

Part **5**

麻辣男女之间的两性心理学

Part **6**

准到骨子里的微表情心理学

Part 1

·
◇
●

读人识己的
性格心理学

人类的行为有一定的规律性，但却不具有统一性。在某些特殊情况下，譬如在某些特殊场合，人们总是能在自己或者他人身上做出与平日不同的举动。为什么会出现这样的情况呢？心理学可以给你一个解释。

酒壮尿人胆的心理学解释

即将上战场的年轻士兵惴惴不安，被枪炮与子弹吓破了胆，冲锋陷阵之际，身旁的老兵递过来一个酒壶，随着一口浓烈的威士忌下肚，他仿佛被施了魔法一般，抄起家伙就往前冲，瞬间化身为不惧死亡的英雄。

男孩暗恋一个女孩许多年，却始终没有勇气走上前告白，好不容易下定决心，在脑海中演练了一遍又一遍，可一对上女孩明亮的双眼，又忍不住退缩起来，紧张忐忑之际，一罐啤酒下肚，就仿佛有了无限的勇气，把心里的爱高喊出来。

公司团建，平时沉默寡言的老实人喝得晕晕乎乎，突然就开始喋喋不休，甚至还敢指着领导的鼻子骂，将平时埋藏在心里的怨气都宣泄出来……

这些场景我们并不陌生，它们可能发生在许多电影或小说的情节中，也可能发生在生活的某个场景里，甚至可能我们就是其中的主角之一。不得不说，酒的确是种非常神奇的东西，它似乎能够给我们无限的勇气，让我们借着酒劲儿，完成许多平时自己根本不敢想也不敢做的事情。所以才会有这样一句俗语：酒壮尿人胆。

那么，酒真的能够"壮胆"，给我们无限勇气吗？

实际上，真正具备这个"神奇功效"的成分是酒精。早在 20 世纪 80 年代后期，对于酒精对大脑的作用机制科学界就已经达成共识了，即酒精通过选择性影响脑内神经递质释放其作用受体的活性，改变神经元之间的信息传递。

和其他精神性药物不同，酒精往往有着明确的作用靶点，它通过影响脑内的多种类型受体和神经递质，使人们表现出不同的生理效应，再加上不同遗传因素的影响，致使人们在喝酒之后的表现千奇百怪。

也就是说，酒精对大脑的作用，实际上更多的是一种生理上的影响。看到这里，有人可能会说："可是喝完酒之后，我确实变得更有勇气了呀！平时不敢做的事情，喝完酒之后就敢去做；平时不敢说的话，喝完酒之后就敢大声说。"这又是为什么呢？

事实上，所谓的"勇气"，可以分为两个部分：一是"不怕"，二是"敢于"。

先说"不怕"。对危险或有害的事物产生恐惧和焦虑是人们在漫长进化过程中获得的一种自我保护机制，而负责对危险或有害信息进行最终处理的，就是我们的脑边缘系统，具体来说就是下丘脑和杏仁核。

当我们通过饮酒摄入酒精时，酒精就会对脑边缘系统的相关脑区进行作用，降低其感知和处理危险或有害信息的灵敏性与准确性，让大脑无法快速、准确地识别出这些危险或有害的因素，甚至做出"不怕"的错误判断。

再说"敢于"。在大脑中，有一个主导执行功能的"部门"，叫作大脑额叶。功能正常的额叶皮层在接收到危害信息后，会立即引发高度警惕，并结合以往的经验教训，对采取不同应对方式可能造成的后果进行预判，最终遵循"趋利避害"的原则来做出决策，而后付诸行动。而当我们饮酒后，酒精就会对大脑额叶产生抑制作用，从而影响到执行功能的各个环节，包括对危害信息的判定、注意力以及对后果的预判等。这就是为什么很多人喝醉之后，都会表现得胆大妄为、鲁莽冲动，甚至常常做出一些充满攻击性和破坏性的行为，完全不计后果。

也就是说，所谓的"酒壮尿人胆"，并不意味着酒精能够给我们带来"勇气"和"胆气"。真正的"勇气"与"胆气"，应该是理性的，是大脑在清醒状态下对某些事物做出正确评估之后所做出的决策与行动，而非通过醉酒对"不怕"和"敢于"产生错误的认知，继而产生错误的行为。

有趣的是，当人们坚信"酒壮尿人胆"的作用时，就会下意识地将饮酒与"壮胆"结合在一起，通过饮酒的方式来给自己加油打气。而且，即使不幸失败，也能把责任推脱到"酒后失态"上，给自己挽回一些颜面，盖上一块遮羞布。有了这条"后路"，少了一些顾虑，勇气自然也就能再增加一些了。

总而言之，酒精是无法为你带来勇气的，它只会伤害你的大脑和肝脏，降低你对危险因素的敏锐判断。很多人在醉酒之后，都会感到头痛，而这实际上就是大脑神经受到损伤的一种预警。

为什么有人明明如此普通，却又迷之自信

你身边一定有这样的朋友。

失业 N 次，却从来不认为问题出在自己身上，总是感叹自己怀才不遇，没人能慧眼识珠。哪怕你苦口婆心地劝诫他："好好反省一下自己吧，有自信是好事，但过度自信就不对了，越是有本事的人越谦虚！"可他听到耳朵里，只会认为你在嫉妒他。

失恋 N 次，却从来不会在自己身上找原因，总是感叹真爱难寻，遇到的男 / 女人都嫌贫爱富、外貌协会、肤浅虚荣，看不到自己身上的闪光点。但实际上，若真的优秀，别人又怎会看不到他们身上的光芒呢？

真是奇怪，为什么有的人明明如此普通，却又迷之自信？到底是什么给了他们如此神奇的错觉，总认为自己优人一等？

实际上这是一种看不到自身无能的"虚幻优越感"，从心理学的角度来说，也可以称为元认知能力低下。

元认知是心理学家约翰·弗拉维尔于20世纪70年代提出的一个概念，也可以理解为反审认知、反省认知、超认知、后设认知。弗拉维尔把元认知定义为个体反映或调节认知活动的任一方面的知识或认知活动。

元认知能力低下者对自己是有一定评估的，但却非常容易忽略外界对自己的评估。打个比方，一个才刚刚学会走路的小孩在奔跑，他感觉自己跑得非常快，快得仿佛就要飞起来了一般，于是，他便认为，自己就是这个世界上跑得最快、最厉害的人，但实际上，身边的大人哪怕悠闲地走路都比他快得多，但他根本就没有意识到这一点。元认知能力低下者就像这个小孩，他们对自己的评估只建立在自己的想象和"认知"上。

在生活中，很多人的盲目自信实际上都源于元认知能力低下，这一点不仅体现在职场上，也体现在婚姻与恋爱中。

"我觉得他会和我复婚的，我们还有一个孩子，我只是一时冲动和他离了婚……不知道为什么，他竟然这么快就结婚了，我觉得被骗了……"一位咨询者这样向我哭诉道。她叫琳达，三十岁，穿着一身时尚漂亮的长款连衣裙，脸上的表情却十分茫然。

房间里顿时宁静得只有空调的声音，我看着难过的琳达，放慢了呼吸："离婚之后，你有没有为复婚而做出努力？你可不可以告诉我，是什么事让你们离婚的呢？"

"丧偶式育儿，就像他们说的，有了孩子之后，孩子的父亲总是缺席。我和前夫都是 985 大学毕业的，我们在大学时期恋爱，毕业就结婚了，但是有了孩子之后，我感觉他慢慢变得不爱回家了……我觉得他应该是压力太大，缓一缓就会好的。"琳达回忆。

"嗯，你起初也是认真思考和观察过他的，那么后来呢？"我问。

"后来有一天，因为孩子吵闹着要买玩具，他打了孩子，我们发生争吵，冲动之下我提出离婚，他同意了。我们当天就去办了离婚手续，我以为他会找我复婚的，可没想到不到一年他就再婚了。"琳达红着鼻子，哭着说。

很显然，琳达认为自己和前夫离婚只是一时冲动，一直有复婚的打算，可却没想到前夫不仅不想复婚，还很快有了新欢。她大受打击，原来所谓的复婚只是自己的幻想。

事实上，琳达的情况也是一种元认知能力低下的表现，她并没有认清自己的处境，也没有真正了解前夫的想法，所以才会产生这样盲目的自信。

那么，应该如何认清自己的位置，提高自身的元认知能力呢？

事实上，只有眼界更开阔，看到更多未知的领域，才能避免盲目自信，这也是努力生活的最好姿态。

或许有人会说"认清自己的位置，同时提升自己的位置就好了"，只是话说起来简单，做起来哪有那么容易，于是，元认知能力低下的人受挫后会很容易一下子又跌入沮丧的旋涡里。可事实上，元认知能力低下的人都是潜力股。

大家看一下达克效应图就能一目了然。

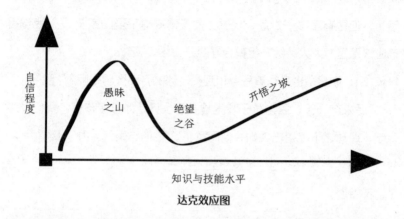

达克效应图

1999 年，美国康奈尔大学的两位心理学家克鲁格和杜宁写了一篇报告，其内容被称为"达克效应"。他们通过对人们阅读、驾驶、下棋或打网球等各种技能的研究发现：

○ 1. 能力差的人通常会高估自己的技能水平。

○ 2. 能力差的人不能正确认识到其他真正有此技能的人的水平。

○ 3. 能力差的人无法认知且正视自身的不足。

○ 4. 如果能力差的人能够经过训练大幅度提高能力水平，他们最终会对自己的水平有正确的认知且能承认他们之前能力的不足。

　　元认知能力低并不可怕，只要我们能够摆正位置，学会爬坡，元认知能力就能得到大幅度提升。虽然从谷底往上爬的确是挺累的，但是越累越证明这是在往上走。越往上走越懂得，并不是自己不知道便不存在，而这本身也是认清自己位置和提高自己位置的过程。

冲突面前，为什么我们总是习惯于忍

面对上司的刁难，即使知道不是自己的错，也只会在心里叫屈；同事发表长篇大论，即使心里不同意，面上也只是敷衍地应和几声；与伴侣发生争执，即使矛盾没有解决，冷静过后也仍旧假装像是什么事情都没有发生过一样继续生活……

小林就是这样一个人，面对冲突，他的第一反应永远是"忍"，最常挂在嘴边的话就是："忍一时风平浪静，退一步海阔天空。"但是每一次的"忍"都无法带来理想的结果，工作换了又换，和女友吵了又吵，生活始终鸡飞狗跳。

其实，在生活中，像小林这样的人并不在少数。当面对冲突时，他们总是习惯选择隐忍和回避。

不可否认，在某些时候，"忍"一时的确能够避免一些不必要的麻烦与冲突，比如遭遇醉酒人士的不礼貌挑衅，或是面对同事、朋友情绪激动时的不理智发言等。但并非在所有的冲突面前，忍让都能带来风平浪静和海阔天空，当冲突与矛盾是一种客观存在的时候，忍让仅仅是一种短暂的逃避，它们始终在那里，只要得不到解决，便永远都会是生活的阻碍。

很显然，"忍"从来不是生活的最优解，那么为什么在冲突面前，我们依然会习惯性地选择忍呢？我们究竟在忍什么？

要解答这个问题，就要先了解一下，什么是"忍"？

著名的心理学家李敏龙和杨国枢是这样定义"忍"的："忍是一种策略性的自抑机制或历程，当事人为了避免对自己、他人或公众显然不利之后果的发生，或为了预期对自己、他人或公众显然有利之结果的出现，不得不做己所不欲的事情或承受己所不欲的身心痛苦。"

根据这一定义，我们可以发现，忍具备以下几个特点。

特点一　动机层面的目的性

人们做任何事情，必然都是有其动机和目的的，忍同样如此。通常来说，忍的目的有两类：一是工具性的目的，二是超越性的目的。

工具性的目的指的是具体的目标，比如物质的需求，或是利益。很多职场打工人在与上司或客户发生冲突时，往往会选择忍，就是为了保住工作，或是促使订单成交，从本质上来说，这就是一种工具性的目的。

超越性的目的指的是那种超越现实中短暂的利益，去实践人生的抽象价值，比如体现自身的宽容大度、冷静自持等。

特点二　意志层面的自抑性

为了达成某种结果，我们必须抑制当下的欲望和需求，去做一些违背自己意愿和想法的事情，或是承受"己所不欲"的痛苦，这就是忍在意志层面的自抑性。

特点三　意识层面的策略性

忍是一种意识层面运作的心理历程，为了有效且顺利地执行自抑的心理机制或历程，需要选择一些合适的策略，以转移我们的注意力，甚至改变我们自身的认知和思考方式。这其实就是一种自我说服，让自己相信忍的必要性与合理性。

特点四　情绪层面的不快性

在忍的过程中，我们其实一直在经历究竟是满足当下的欲望，还是顾及长远的结果这样的心理冲突，而这种冲突往往会让我们在情绪上产生强烈的不舒服感，即使我们能够通过自我说服，让自己在意识层面上"相信"或"承认"忍的必要性和正确性，也无法消除情绪上的不快。

很显然，忍并不是一件令人感到愉快的事情，但却是一个经过深思熟虑之后的选择。究其原因，这与我们从小受到的教育和道德训练是有很大关系的。中国历来是一个"熟人社会"，非常注重"礼尚往来"，甚至有时候，礼比法更大。因此，很多时候，当冲突发生时，人们往往会更注重"大局"，而非"对错"。

你一定听过这样的声音：

"别太计较，一人退一步吧！"

"吃亏是福，难得糊涂！"

"大家互相包容一下，理解一下，团结最重要。"

……

这就是熟人社会的典型特征，冲突被认为是错误的、破坏和谐的，自我意识的重点被放在维护关系上，想要在这样的社会中生存，融入群体，就要以抹杀自我个性为代价。

但随着城市化的发展扩大，熟人社会正在向陌生人社会转变，忍让和退缩已经不再是年轻人遵循和推崇的生存策略。越来越多的人已经认识到，相比"忍"，真诚地表达自己，活出自我，才是自己更好地适应这个社会的生存方式。人们已经意识到，只有清晰地表达出自己的观点，才能强势维护好自己的利益。

为什么有的人总是不守时

　　每次约会都迟到，总是拖到最后一刻才上交计划书，电影都已经开场半小时才姗姗来迟……这样的人在我们的生活中并不少见，甚至你也可能是其中一员。奇怪，明明只需要提前一点点，就能避免迟到，可为什么有的人却总是不守时呢？

　　迟到并不是一个好习惯，事实上，对于不守时的人，大众的看法通常都是偏负面的。他为什么总是迟到？大概是因为他做事缺乏条理、不懂礼节、从不为他人着想、过于自私——但实际上，很多爱迟到的人并不一定拥有以上的"缺陷"，他们可能做事逻辑清晰，至少在某种程度上能够为他人着想，但他们又确实总是迟到，并且每次都有令自己信服的理由。

　　如果你身边有一个总是不守时的人，那么当你询问他为什么会迟到时，你会发现，他总能抛给你许多让人难以否认的客观理由。

"我在路上堵车了，整整堵了半小时。"

"就在我准备出门的前一刻，学校突然打来电话，和我谈论我儿子的处分问题。"

"你能想象吗？那条路我每天都走，偏偏就在那个时候发生了车祸！"

"那辆破车突然就打不着火了，没办法，我只好出去打车。"

……

很显然，阻止他们守时的因素，从来不是因为他们自己想要迟到，而是因为种种"突发意外"。我们如果仔细剖析，就会发现，这些"意外"的发生，归根结底是在于他们对事件风险评估的不足，以及对目标难度判定的偏差——他们"总以为"自己能够按照"计划"及时赶到目的地。

换言之，那些总是不守时、习惯迟到的人，往往并不是主观故意迟到，而是过于乐观地估计了完成某些事件所需要花费的时间，并且屡教不改；相应地，那些总是习惯早到的人，也有可能是因为高估了任务的难度，而并非出于讨好别人的心理，或者"万无一失"的未雨绸缪。

就像美国著名的管理顾问戴安娜·德隆泽所说的那样："大多数人并不喜欢迟到，但还是很难克服不守时的毛病。"

圣地亚哥州立大学的心理学教授杰夫·康特曾经做过这样一个实验，他根据实验参与者的不同性格特质，将他们分为两组。A组实验者有野心，具备竞争性，雄心勃勃；B组实验者则具备较强的创造力，善于思考和探索。然后，他让两组参与者在没有钟表的情况下，分别估计一下一分钟有多久。

康特教授发现，A组的参与者们对一分钟的平均估算时间为58秒；而B组的参与者们对一分钟的平均估算时间则长达77秒。

通常来说，我们在打算进行某些行动或处理某些事件时，都会进行时间的预估。而在进行时间预估时，人们往往习惯留意比较大块和集中的时间，从而忽略对事件细节的把控。这种时候，人们对时间认识的偏差，就可能导致不守时的状况发生。尤其是那些喜欢同时进行多项任务的人，在时间把控方面就容易出现偏差，换言之，也就更有可能迟到。

当然，除了对时间预估的偏差之外，还有一些原因也是导致人们不守时的"元凶"。比如一位被朋友认为总是"迟到"的女士就无比委屈地说道："我的朋友邀请我去做客，约定的时间是七点以后。但如果我在八点或者更晚的时间到达，他们就会很生气，认为我'迟到'了。

可我们约定的不是'七点以后'吗？"这种与绝大多数人在时间理解上产生的分歧，大约只能归结到性格特质上了。

焦虑、自卑、抑郁等心理问题也会导致习惯性迟到，因为这些负面的心理问题会让人充满压力，从而过分关注正在进行中的事情。一位职业女性就曾万分痛苦地抱怨："我总是无法在规定时间内完成报告，他们都以为我对这件事情毫不在意。但事实上，我每次都要花费好几个星期的时间去思考，琢磨如何才能把每一个细节都做好，如何才能让它尽善尽美。最终，焦虑破坏了所有的计划，总是让我无法按时完成报告。"

不管怎么说，迟到确实不是一件让人高兴的事情，不管是什么原因导致的迟到，如果不能去改变或克服，而是一直给自己找借口，逃避因为不守时而对别人造成的伤害与损失，那么这件事情将永远不会得到改善。

如果你是那个经常不守时的人，并且确实想要改变这种情况，那么不妨试着改变一下自己的思维。比如当你在心中告诉自己"我想准时抵达约会地点，但是我决定不了穿什么"或者"我已经开始写报告了，但是我不确定这个方案能不能让老板满意"时，请立刻打住，忘记"但是"后面的所有内容，把"但是"换成"然后"或者"而且"。比如，"我想准时抵达约会地点，然后拥有一个美好的夜晚"或"我已经开始写报告了，而且会尽快完成"。

在语境中，"但是"往往代表着反对和阻碍；"然后"或"而且"则意味着联系与决心。不要给自己任何借口，来化解"不守时"所带来的负罪感。事实上，绝大多数的借口都有解决的方法。决定不了穿什么，那就提前准备好；担心方案不能让人满意，那就完成之后再继续优化。

如果你是那个因为别人的不守时而总是被动等待的人，那么你可以阐明立场，为对方设置一个"最长等待时间"，并明确告诉对方，如果等待超时你会采取什么样的行动。设置底线不但能将你从被动等待的境遇中解脱出来，还能让对方充分意识到不守时带来的损失，并学会承担责任。

为什么那么多人喜欢刻下"到此一游"

世界各地似乎都不乏喜欢在"景点留名",刻下"到此一游"的人,即使这种行为一直遭到舆论谴责,但却始终无法杜绝。而且,越是知名的地方,往往就越是受到"刻字人"的偏爱。

故宫的铜缸、长城的青砖,甚至是莫高窟的石壁上,都能找到五花八门的刻字,简直让景区的工作人员防不胜防。

就连那些不怎么知名的景点,也同样逃不过被刻字的命运。甚至大学校园里的雕像、植物或某些标志性的建筑上,也都能找到不少涂鸦刻字的痕迹。

最让人感到匪夷所思的是,公路上的里程碑也未能逃脱"毒手"。比如中国最知名,也是留下涂鸦刻字痕迹最多的公路——318国道。这条国道东起上海,西至喜马拉雅山,曾被《中国国家地理》杂志誉为

"中国最美的国道"。每年从这条国道进藏的游客数不胜数，有徒步的，有骑行的，也有自驾游的。不少人在行进之时，都会忍不住留下自己的痕迹，尤其是一些具有特殊意义数字的里程碑，更是人们刻字留名的"热门对象"。

而且，别以为"到此一游"只是国人的"专利"，实际上，老外在这方面也是不遑多让的。

据统计，每天到罗马斗兽场参观的游客大约有两万名，尽管四处都装满监视器，警察与安保人员也一直在巡逻，但仍旧有人在这座历史悠久的建筑上刻下不少痕迹，以表明自己"到此一游"；美国多个国家公园也是人们涂鸦刻字的热门"打卡"地，而且大多数都根本查不出是谁留下的；甚至就连一些名人的墓碑，都逃不过被涂鸦刻字的命运。

人们为什么如此热衷于涂鸦刻字，留下"到此一游"的痕迹？

心理学有一个概念，叫作"反向形成"：有时候人们心中明明讨厌或憎恶一个人，却会在表面上展现出对这个人的热情与关心；有时候人们心里明明喜欢一个人，却反而会表现得异常冷淡。这种无意识的冲动在意识层面上的反向发展，外表行为或情感与内心的动机和欲望完全相反的现象，在心理学上就称为反向形成，是一种心理防御机制。

当人们在欣赏名山大川时，被大自然的宏伟壮丽所震撼，往往会更加深刻地意识到人类的渺小与脆弱；而当人们在游览名胜古迹时，历史刻印下的时光长河，难免会让人产生白驹过隙、生命苍茫的感慨。在这样的冲击下，人类自身的"存在感"被深深削弱，就会很容易引起潜意识层面的惶恐、焦虑和不安。为了对抗这些消极的情绪，人们往往会采用一些张扬的，甚至是破坏性的方式来彰显自我的存在，比如通过涂鸦刻字的破坏性方式，留下"到此一游"的印记等。

而"到此一游"这种涂鸦刻字行为的屡禁不止，还有非常重要的一个原因，那就是"破窗效应"。

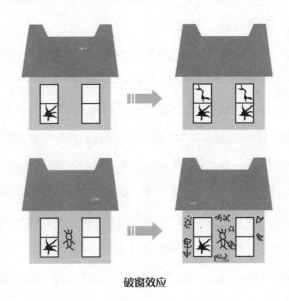

破窗效应

破窗效应是美国社会科学家詹姆士·威尔逊和犯罪学家乔治·凯林提出的一个犯罪学理论。该理论认为，环境中的不良现象如果被放任，那么就会诱使人们相继效仿，甚至是变本加厉。就好比有一排窗户，如果其中有一个窗户被打破了，那么要不了几天，其他窗户也会被别人打破。但如果这排窗户是完好无损的，那么基本没有人会去主动打破它。

有个笑话非常形象地诠释了这一现象：一个工作人员为了防止别人

在刚粉刷完毕的墙上乱涂乱画，就在上面写了一句标语：此处禁止乱涂乱画。

过了一会儿，有人经过，见到这条标语，便在下面加了一句：为何你要写？

又过了一会儿，又有人经过，看到这两句话，便忍不住在下面又加一句：他写你别写。

再过了一会儿，又有一个人路过，看着这些对话觉得有趣，就又加上一句：要写一起写。

不久后，刚粉刷完的墙上就被涂写满了。

这实际上就是"破窗效应"的一种体现。雪白墙壁上的那句标语，就像是被打破的第一扇窗户，也正是这扇"破窗"打开了一个缺口，才激发了人们一系列的从众行为。就像第一个吃螃蟹的人，总是需要莫大的勇气，但第二个、第三个、第四个……再去吃螃蟹，就容易多了。

除此之外，现行的相关法规对涂鸦刻字行为的惩罚措施，相对来说是比较轻的，这也是导致"到此一游"大军不断发展壮大的原因之一。毕竟犯错成本过低，确实很难起到威慑作用。

●
◇
●

为什么有的人总是在叹气

最近烦心事特别多，工作不顺利，感情没着落，年纪越来越大，生活却遭遇瓶颈，小郭心里别提多郁闷了。偏偏现在临近过年，回到老家又要应酬一堆亲戚，这个问你有没有升职加薪，那个问你啥时候结婚生子，光是想到这些，小郭就忍不住唉声叹气起来。

奇怪的是，以往母亲只要一听到小郭叹气，就会猛地拍他一下，提高声音批评道："年纪轻轻的，叹什么气！把精气神都叹没了！"可这一回，也不知道为什么，见小郭成天唉声叹气的样子，母亲不仅没批评他，反而变得小心翼翼起来，就连唠叨声都不见了。

后来小郭才知道，原来母亲不知从哪里听说，叹气是抑郁的一种表现，如果一个人成天唉声叹气，那他很可能是患上抑郁症了。而母亲正是因为担心小郭患上了抑郁症，所以才那么小心翼翼。得知这一

"真相"，小郭真是哭笑不得。

说起叹气，谁都不陌生，不管喜不喜欢，你都一定叹过气，也听过别人叹气。那么，你有没有想过，人们为什么会叹气呢？那些成天唉声叹气的人，是不是都患上了抑郁症呢？

事实上，对于叹气这件事，不仅我们有所疑问，科学家们也是充满好奇的。波兰科学家斯蒂芬·索尔蒂斯克就曾用老鼠做过实验，发现老鼠竟然也会"叹气"，并且每小时会"叹气"28次。有趣的是，老鼠每一次叹气都遵守一定的规律，即正常呼吸时，增加一次急促的深呼吸，等再呼气时，比平时深2到4倍，时间也会更长。

之后，斯蒂芬又对老鼠进行了一些条件反射的训练，在电击其尾巴的同时，用光线或声音来刺激老鼠，让光线或声音成为危险的条件刺激。经过危险刺激实验之后，斯蒂芬又对老鼠进行一个新的刺激，这一次的刺激并不会伴随电击，换言之，这一次的刺激是安全的，同时也是一种危机解除的信号。

经过一系列的观察研究，斯蒂芬发现，老鼠在危险刺激下的叹气次数会增加，而在听到危机解除的信号时，老鼠叹气的次数更是比平时增加了20倍。由此可见，对于老鼠来说，叹气很可能意味着一种放松，类似于我们说的"松了口气"。

和斯蒂芬一样对叹气感兴趣并进行研究的，还有挪威奥斯陆大学的心理学教授卡尔·泰根，他想知道人的叹气与老鼠的叹气是不是一样的。为了得到这个答案，泰根教授与他的团队一起进行了一系列关于叹气的实验。

　　泰根教授找到一些志愿者，通过问卷调查的方式，了解他们一般发生叹气的时间和状况，结果和人们认为的差不多，叹气与负面情绪往往是紧密相关的，通常在叹气的时候，人们的情绪都是诸如失望、无聊、受挫等偏向负面的。而且，无论是在公开场合还是在私下，人们叹气的频率并没有什么区别，这说明叹气并不是一种与人沟通的方式。

　　之后，泰根教授又让志愿者们想象在不同场景中，自己或者别人叹气时的状况，并指出叹气的原因。结果发现，人们在看到别人叹气时，通常都会认为对方正处于悲伤中。但当人们自己叹气的时候，则更多是因为受到了挫折。很显然，哪怕人人都经历过叹气的状况，人们仍旧会经常性地对别人叹气的原因产生错误的理解。

　　最后，泰根教授特意设置了一个无法解开的谜题，让志愿者们进行解答，并记录下他们在实验过程中的叹气次数。有趣的是，有77.8%的志愿者在实验过程中都发生了叹气的行为，并且大多是发生在解题失败的回合之间。而他们中的大多数人都承认解题失败确实让他们感到十分挫败，但他们并不认为自己叹过气。换言之，他们的叹气都是无意识的。

　　通过这一系列的实验观察，泰根教授认为，叹气是一种"投降"和"放弃"的象征，是人们在经历受挫后的一种情绪表达。

　　那么，叹气与抑郁究竟有没有关系呢？叹气频率高的人又是不是更容易患上抑郁症？答案或许和我们以为的正相反。

　　来自比利时鲁汶大学的研究者维勒米克斯认为，当人们保持单一的规律呼吸时，肺部会变得僵硬，不利于空气交换。因此，如果在普通的呼吸中加入叹气行为，就能有效帮助肺泡扩展，让呼吸系统"重启"，从而更好地进行工作。通过记录和分析志愿者在叹气前后的呼吸情况，维勒米克斯发现，叹气确实对调节呼吸变化有一定的作用，并且在叹气的动作发生时，人们的肌肉也会得到放松，而身体的放松又会进一步促使叹气行为的发生。

美国亚利桑那大学心理学系的科学家们进一步佐证了这一点，他们通过使用移动设备，对数百名志愿者进行观察和测试，记录下他们叹气的次数，并分别对这些志愿者进行了专业的心理评估。最后发现，没有任何证据表明，更频繁的叹息和更多的负面情绪之间有任何关联。也就是说，经常叹气的人并不意味着会有更大的抑郁风险，我们也并不能通过一个人叹气频率的高低来推断对方是否拥有更多的负面情绪。

在这个过程中，科学家们甚至惊讶地发现，在男性中，叹气次数越是频繁的人，反而越不容易出现抑郁症状。可见，总在叹气的你或许只是在努力放松呢！

因为自卑，所以多疑

　　苏菲是一名职业保姆，质朴老实，厨艺精湛，受雇于一户富裕的四口之家。她一直藏着一个秘密，那就是她不识字，这不仅是因为她受教育程度低，更重要的是她患有严重的阅读障碍。这样的缺陷让苏菲感到非常自卑，因此，她一直想尽办法地掩盖这个秘密。

　　苏菲不识字的事情很快就被雇主的女儿发现了，但后者并没有因此就看不起苏菲，也没有把这件事告诉父母，而是非常热心地表示愿意教苏菲识字。然而，面对这个善良又热心的女孩伸出的橄榄枝，苏菲却非常恼怒。她认为，女孩提出教她认字，是在讽刺和奚落她，想要看她的笑话……

　　这是老电影《冷酷祭典》中的情节，保姆苏菲在面对身份和地位比自己高的雇主一家时，心中是充满了防备和怀疑的。哪怕雇主一家不断地对她释放善意，试图给予她帮助，她所能接收到、感受到的，也都是各种负面的信息和情绪。

在生活中，像苏菲这样的人并不少见。他们敏感多疑，常常通过主观的想象和臆测，将生活中发生的正常事件从不利于自己的角度去进行解读和判断，或者把那些偶然发生的不利事件当成了必然事件，甚至将生活中遭遇到的种种对自己不利的孤立事件看作彼此之间有联系的阴谋。就连别人释放的善意，他们也总能将其解读为对自己不利的恶意。

如果你身边有人具有这样的"症状"，那么他们或许已经患上了"多疑症"。

从心理学角度来说，"多疑症"通常会在两类情境的刺激下产生。第一类是原本就对某个人有偏见的时候，那么无论对方做什么，他都可能"疑心生暗鬼"；第二类是由于本身性格过于敏感，对周围的人和环境过于提防，过度自我保护，从而会不分对象地对任何人产生怀疑，容易过度解读别人的一举一动，唯恐因为任何疏忽而导致自身利益蒙受损害。

"疑人偷斧"的故事想必大家都不陌生。一个人发现自己的斧子丢了，他怀疑是邻居家的孩子偷的，于是在观察那个孩子的时候，无论那个孩子做什么都觉得他形迹可疑，看着就像是能做出小偷小摸事情的人。后来，这个人去山里掘地的时候，意外找到了自己的斧子，原来是他自己把斧子忘在地里了。之后，他再去看邻居家的孩子，就不觉得他看上去像小偷了。

　　这样的情形在生活中比比皆是，比如当一个人怀疑伴侣出轨时，那么哪怕伴侣多接一个电话，多回几条微信，都会让他感觉形迹可疑。但这些事情如果放在平时，对伴侣没有产生任何怀疑的时候，可能并不会引起他的关注。这就是对某个人有偏见，已经先入为主地给对方"定罪"后所产生的多疑。

　　相比起因偏见而产生的多疑，第二类因自身性格过于敏感而产生的多疑显然要麻烦得多，因为他们的多疑是针对所有人的，甚至即便没有任何值得怀疑的"蛛丝马迹"，他们也仍旧会无差别地怀疑和提防身边的所有人，用警惕的眼神、猜疑的思想和谨慎的反应去面对所有人。就像电影中的保姆苏菲，即使别人对她释放善意，但只要触及她敏感的神经，她就会像刺猬一样竖起尖刺，以恶意去揣测对方。

　　为什么会这样呢？到底是什么促使了"多疑症"的产生？

　　在生活中经常接触猫猫狗狗的人都知道，很多流浪猫和流浪狗对人类的警惕心是非常重的，这是因为它们在流浪的过程中，或多或少都受到过人类的伤害，所以它们不信任人类，对人类充满提防。这是动物的一种自我保护，人其实也是这样。当一个人对周围的环境或人充满防备的时候，说到底，其实就是为了保护自己免受伤害。

　　"多疑症"的产生也是如此，因为害怕受到伤害，所以才会去防备和怀疑别人。而那些即使面对别人的善意也无法相信，甚至习惯以恶意去揣度对方的人，最大的问题其实就是自卑。因为缺乏自信，所以他们不相信自己值得别人喜欢，不相信自己身上有值得别人欣赏的地方。所以在面对别人释放的善意时，他们的第一反应永远是紧张和防备，担心别人的示好是藏着毒药的糖果，是阴谋与算计，是嘲讽和蔑视。

与多疑的人相处是非常困难的，因为哪怕是一句无心的话语，也可能会触及对方敏感的神经，甚至引起对方的愤恨与埋怨；而患有"多疑症"的人也同样是痛苦的，他们常常处于高度的压抑和神经紧张中，会产生极强的自卫意识。他们听不进任何批评与意见，甚至会将别人善意的提醒与告诫视作对自己的攻击。他们总是会对别人抱有过高的期待，渴望得到百分之一百的支持与赞同，而一旦希望落空，就会感到失望与不满，甚至觉得别人都在和自己过不去，认为人人都在孤立和排斥自己。

要想战胜"多疑症"，根本问题还是在于战胜自卑，重建自信。当你相信自己足够优秀，值得别人付出最大的善意和热情时，自然就不会再像受惊的刺猬一样，竖起尖刺去面对所有人的靠近了。

为什么人们热衷于打折商品

"原价 199，现价只要 99，狂甩 500 件，卖完即止！"

"商家巨献，全场两折起，走过路过，不要错过！"

"两件九折，三件八折，四件七折！"

……

听到这些声音，或者看到这些信息的你，是不是已经走不动路了？不管自己是不是真的需要，不管自己是不是真的能用掉那么多，都忍不住想去看一看，抢一抢，生怕错过"几个亿"。

这其实并不奇怪，在进行购物时，每个消费者对商品的价格都会有一个心理预期，当商品因为打折促销而降低价格，甚至低于我们的心理预期时，很容易就会触动我们每个人都有的"爱占便宜"的消费心理，从而让我们产生期望值，形成动机，最终发生购买行为。

人们期望从打折商品中
获取满足感与愉悦感。虽然这些
心态通常不会造成什么危害，但也
需要注意理性消费，避免
出现不必要的损失。

来自美国迈阿密大学商学院的副教授德文·德尔韦基奥领导的团队曾做过一项对比实验，发现了一个十分有趣的结论。他们找来了一些促销易感性高的消费者和一些促销易感性低的消费者，让他们从六款不同价格和不同折扣的洗发水中，选择自己更愿意购买的商品。

结果发现，那些促销易感性高的消费者对价格比较便宜的东西的打折信息并不敏感。比如一款洗发水在打了七六折后售价为 3.14 美元，另一款洗发水在打了八七折后售价为 3.49 美元，这在促销易感性高的消费者看来并没有多大差别。

而对于一款打了七六折后价格为 22.4 美元的洗发水和一款打了五七折后价格为 24.9 美元的洗发水，更多促销易感性高的消费者都选择了后者。很显然，对于他们来说，相比实际付出的价格，更低的折扣会更加有吸引力。

换言之，对于喜爱打折的消费者来说，最吸引他们的商品往往不是最便宜的，也不是单纯折扣低的，而是打折最狠、让利最多的。

其实，每个人在生活中都经历过这种折扣效应，商品促销打折，买得多送得多，储值卡充值优惠，会员卡折扣活动……商家用各种各样的促销手段撩动着消费者的"占便宜心理"，想方设法地让消费者花钱消费。

在这个过程中，消费者在购买打折商品时，往往想的是：或许我现在用不上，但万一以后用得上呢？如果等用得上的时候再买，万一没有折扣了呢？反正买回来也不会坏，那为什么不趁便宜的时候买呢？

而商家的想法则可能是：消费者有需要的时候就会主动购买，但万一他一直不需要，或者需要的时候买了别人的呢？倒不如降低点利润，让他现在赶紧买，虽然薄利，但可以多销呀！

事实上，如果从商品本身的价值来看，在这个过程中，无论是消费者还是商家，都达成了自己的目的，谁也没有吃亏。对消费者来说，如果这件商品确实是他能用得上的，那么趁打折促销时以低价购入，显然是非常理性的一笔消费；而对商家来说，变现才是硬道理，虽然利润低了，但销量增加了，盘活了资金，商家可以更好地进行经营。

那么，真正的问题出在哪里呢？其实很简单，就在消费者的消费需求上。消费者就要扪心自问了，自己因为被打折和促销吸引而购买的商品，究竟是不是真的必需品呢？如果这件商品并非必需品，甚至可能是完全不会用上的商品，那么不论它的性价比有多高，对于消费者来说，都是没有价值的。

Part **2**

·

◇

●

人际交往中的
推拉心理学

人与人之间的交往总是带有一些目的性，或许是为了避免失去什么，或许是想要获得什么，每个人都在交际场上悄悄博弈。懂得一点心理学，可以帮你在人际交往中占据优势，达成目标。

讨好症：假装无情的你，让人好心疼

终于到了下班的时候，同事却跑到你面前，说："我今晚得回去照顾孩子，拜托拜托，帮我把这些做完吧！"你明明心里有一堆拒绝的想法，可话到嘴边却是："没事没事，你赶紧回去，我帮你做！"

朋友相约去聚会，有人提议去吃麻辣火锅，你明明肠胃不好，不爱吃辣，可看着大家雀跃的样子，反对的话却怎么也说不出口。即使有人突然想到你不能吃辣，询问一句，你也会赶紧说上一句："没事，没事，我可以，就去吃麻辣火锅吧！"

亲戚不懂分寸，总是麻烦你、使唤你，让你忙前忙后地帮忙跑腿。你明明也有自己的事情要忙，却怎么也张不开嘴拒绝。哪怕对方敷衍地开口说一句："真是麻烦你了。"你也会下意识地接上："不麻烦不麻烦，都是小事情！"

......

如果你总是这样，为了讨好别人而委屈自己，做自己不喜欢、不愿意的事情；为了满足他人的需求，无视自己的感受；为了让对方开心，一味地妥协退让，假装自己没有需求也没有感情——你恐怕已经患上了"讨好症"。

讨好上瘾者

很少说不

朋友圈点赞狂

看上去很乐观

和谁关系都 OK

口头禅是"我都 OK"

在意别人对自己的评价

很少有负面情绪

几乎不发火

老好人

"讨好症"也叫作"取悦症"，是社会心理学中的一个名词。美国著名的心理学专家哈丽雅特·布莱特认为，很多幸福感低的人，实际上都患有"讨好症"，正是因为这样的问题，导致他们总是过分关注他人，继而忽略了自身的感受和需求，而这正是造成他们"不幸福"的主要原因。

《被嫌弃的松子的一生》是一部很著名的日本电影。电影中的女主角松子就是一个被"讨好症"控制，不停地去讨好身边的人，最终却落得凄惨下场的可怜女人。最初的时候，松子也是一个拥有梦想和未来规划的人，但为了讨好父亲，她放弃自己的规划，从事了一份自己并不喜欢的职业。

后来，发现自己依然无法得到父亲的重视和关心后，松子把对亲情的渴望转移到了爱情上，她开始不停地讨好每一任男友。哪怕对方对她根本不好，她也依然委曲求全地付出。但松子最终的结局并不好，无论是亲情还是爱情，她都没能抓在手里。

事实上，她有这样的结局并不奇怪，当你试图用讨好他人的方式来寻求幸福时，你就已经偏离了幸福的轨道。每个人的注意力都是有限的，当你把越来越多的注意力放到别人身上，把别人的感受和需求看得越来越重时，就会越来越忽略自己，当你下意识地将生命中每一个路过的人都看得比自己更重要时，又怎么可能再收获幸福呢？

从心理学的角度分析，"讨好症"的形成，从本质上来说，其实是一种"缺爱"的表现。当一个人在从小到大的成长经历中都没有感受过无条件的爱时，他就会下意识地用讨好别人的方式去获得爱。

　　过强的同理心也是"讨好症"形成的"病因"之一。具有过强同理心的人，无论是在社交还是亲密关系中，都会下意识去优先考虑别人的感受，就连与人争吵，都会下意识地斟酌每一句说出口的话，生怕对别人造成伤害。而这样做的结果，就是忽略了自己最真实的感受和需求。

　　讽刺的是，在现实生活中，你越是无原则、无底线地讨好别人，就越是无法得到别人的尊重与重视，甚至你的一切付出在别人眼里，都会成为一种理所当然。而一旦某天你无法再继续无底线地退让和妥协，就会立即得到负面的评价和反馈。

　　人都有慕强心理，甚至可以说，"慕强"是人类的一种本能。我们总会下意识地去崇拜和追随优秀、强大的人，而"讨好症"恰恰会让人不停地降低"自我价值感"，抹除自己的优秀，甚至失去自我。

　　要想治愈"讨好症"，关键在于提升自我价值感。当一个人的自我价值感高时，他会常常认为自己是值得被爱的，他会认识到自己的优秀，变得自信、自尊、自强，而不需要通过别人的肯定或描述来确认自己的价值。

　　相反，如果一个人的自我价值感非常低，那么他是无法正确认识到自己的价值的，也正是因为如此，所以他才需要不停地从别人身上获得肯定和承认，从而为自己的人生赋予意义，而这也正是他们会不停地下意识去讨好别人的原因之一。

　　那么，要怎么做才能提高自我价值感呢？

　　首先，我们需要正确地认识自己，并接纳自己。我们要看到自己的优点，也要明白自己的不足，然后理性地接纳自己，承认自己的不完美。只有正确地认识自己，看清真实的自己，我们才能真正明白自己的价值。

其次，建立边界感。无论是在社交关系还是亲密关系中，我们都应该为自己设立一道防线，明确自己的原则，只要对方触及边界，就必须坚决地告诉对方："我不接受！我拒绝！"

最后，努力提升自己，把更多的注意力放到自己身上。讨好别人永远不会让你获得尊重和喜爱，但当你变得越来越优秀时，自然会发出璀璨的光辉。你若盛开，蝴蝶自来。

认同成瘾：被点赞数困住的人

　　我的邻居潘子是个小有名气的网红，一开始，他只是热衷于在社交平台上分享自己的生活，因为颜值高，很快就吸引了一批粉丝。后来，在粉丝们的怂恿下，潘子开始做一些"挑战分享"类的内容，比如直播和粉丝投票指定的路人小姐姐搭讪，完成诸如蹦极之类的极限运动，或是在公共场所放声高歌等。

　　对潘子来说，他做这些事情，并不是为了经济上的收益，而是想要得到网友的点赞和追捧，这会让他感到很有成就感。潘子每天都会去查看自己发布的每一张照片、每一条视频下方的点赞数，一旦发现点赞数有所下降，或是没能达到自己的预期，就会陷入焦虑不安中……

　　在我们身边，十分在意点赞数的人并不少，他们绞尽脑汁地在网络社交平台上打造自己的人设与生活，他们不一定是网红，也不一定

靠经营社交账号来获取经济收益。他们想要的，只是来自他人的肯定和认同。

然而羊羹虽美，众口难调，没有任何人可以保证自己会得到所有人的喜欢。很多时候，即使我们不能得到别人的认同，也并不意味着我们就是没有价值的。过度追求他人的认可，只会让我们失去身心平衡，甚至失去自我。

在《伯恩斯情绪疗法》一书中，作者伯恩斯是这样描述"认同成瘾症"的："和许多瘾君子一样，你会习惯于被认同，你必须不断地获得认同，否则就像戒毒一样痛苦。如果有一个你重视的人不认同你，你就会立即崩溃，痛苦不堪，简直就像毒瘾发作的人弄不到毒品一样。"

患有"认同成瘾症"的人脑海中都会产生这样一种非理性的思维：我必须得到他们的认同，如果无法得到他们的认同，那我的存在就毫无价值。

这样的想法显然是非常荒谬的，在这个世界上，没有任何人或任何事能保证获得所有人的喜欢与赞同，哪怕是最明智的想法，也可能遭到反对与质疑，但这并不意味着它就是错误的、毫无价值的。

容易患上"认同成瘾症"的高危人群通常具备以下几个特点。

1. 原生家庭男尊女卑

如果原生家庭具备根深蒂固的男尊女卑观念，那么女性在成长过程中必然需要承担起照顾和付出的角色，并且无法得到感激与欣赏。更重要的是，在这样的生存环境中，无论女性自身表现得多么优秀，她的地位都不会得到任何提升，甚至可能随时会被抛弃。在这样的成长环境中，女性非常容易滋生寻求他人认可的强烈需求，继而出现"认同成瘾"的状况。

2. 拥有比自己优秀许多的手足

当你拥有一个各方面都比你优秀许多的手足时，对方的存在会天然挤压周围人对你的关注，导致你无论怎样努力，都无法获得足够的认同。在这样的情况下，为了努力证明自己的存在感，往往就会更加努力地去寻求他人的认同。

3. 有过被排挤、被霸凌的经历

通常来说，曾经有过被排挤、被霸凌经历的人，更容易在未来过度依赖团体的意见，不敢发出自己的声音，因为他们担心自己会因与团体意见不合而被同伴所讨厌，甚至被排挤和被霸凌。

4. 严厉且缺乏支持的教养方式

当家庭中存在一个严厉权威的管理者，凡事都要以他的意见为主时，我们往往很难有自由去做自己想做的事情，也很难得到家庭的支持，甚至只要与权威管理者意见相悖，就会遭到牵制或责备。久而久之，我们就容易放弃自己的思维，并陷入自我怀疑和否定中，需要从别人的认同与肯定中来寻找信心。

虽然在某些情况下，认同感能够激励个人的行为和努力，但如果认同成瘾，那么这种对获取别人认同的病态渴望，很可能会给我们造成诸多消极影响，比如为了寻求他人的认同，放弃自我意志和独立思考的能力等。总之，认同成瘾是一种十分常见但并不理想的心理状态，我们的一生很漫长，我们的生活也很广阔，别让这些抬抬手指就能改变的点赞数把你困住。

小心情感勒索的陷阱

春节假期，大强原本计划带着妻子一起去旅行，补上之前因工作忙碌而未能成行的蜜月旅行。可没想到，当大强打电话回家告诉母亲这一安排时，母亲竟直接哽咽起来，带着哭腔抱怨："那年夜饭怎么办？过年不就是应该全家团圆吗？你们自己去旅行，让我们老两口孤零零在家里，这等于毁了我们的节日！我们都这把年纪了，还剩下几个春节可以过啊……"最终，在这种强烈罪恶感的笼罩下，大强只得取消了旅行计划。

大学毕业后，卢静和男友一起留在大城市打拼，因为找工作不顺利，男友已经赋闲在家一年多，生活的重担几乎都压在了卢静身上。每当卢静提出让男友先随便找一份工作，或者为自己分担一些家务时，男友就会摆出一副挫败又颓丧的样子，抱怨说："当初要不是你坚持留在这里，我早就听父母的安排回老家工作去了，我为你付出这么多，你现在是开始嫌弃我了吗？"面对这样的男友，卢静完全不知道该怎么办了。

陈鑫最近忙得不可开交，除了工作上的事情之外，还要帮老板处理各种琐碎的私人事务。陈鑫也曾委婉地向老板表示希望能减少工作量，或者加工资，可每次一提这事，老板就会拍着他的肩膀，语重心长地对他说："你们这些小年轻，刚刚踏上社会，最缺乏的就是锻炼。我为什么总叫你跟在我身边做这做那？还不是因为看重你，不然公司里那么多人，我叫谁不是叫？你记住，多学多看多做，这都是在为将来打基础，现在多付出一些，将来才能有成倍的回报！"

无论是大强、卢静还是陈鑫，他们所遭遇到的，实际上都是情感勒索的一种。大强的母亲用示弱和控诉的方式来激发大强的负罪感，从而达到逼迫大强放弃旅行，回家陪她一起过年的目的；卢静的男友以自己的退让与付出为由，对卢静进行情感绑架，并一次次胁迫她退让和屈服；陈鑫的老板则以"为你好""看重你"作为烟幕弹，不断对陈鑫施压，让他妥协。

我们体内存在着许多神经束，这些神经束的作用就是促使情绪的形成，包括高兴、愤怒、不安、痛苦、脆弱、负疚感等，而这些情绪的形成机制和我们的性格特质以及成长经历都是息息相关的。当我们在生活中遭遇某件事时，往往就会激发相应的情绪记忆，这些情绪记忆会影响我们的逻辑和思维能力，从而形成某种固定的反应模式。

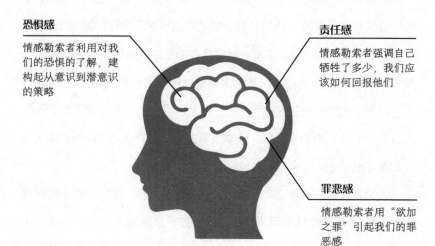

恐惧感
情感勒索者利用对我们的恐惧的了解，建构起从意识到潜意识的策略

责任感
情感勒索者强调自己牺牲了多少，我们应该如何回报他们

罪恶感
情感勒索者用"欲加之罪"引起我们的罪恶感

在情感勒索中，勒索者一般是通过恐惧感、责任感和罪恶感来控制受害者的。通常来说，与我们关系越是亲密，对我们越是了解的人，就越容易察觉到我们的情绪弱点和反应模式，从而有意或无意地利用这一点，通过操控我们的情绪，来达到他们的目的，这其实就是情感勒索。

在这个过程中，真正的主动权实际上一直都握在我们自己手中。换言之，是我们的退让和纵容，给情感勒索者提供了伤害我们的机会。

正是因为我们一直退让，一直妥协，才培养出了这些情感勒索者。每一次情感勒索的成功，实际上都是在鼓励和强化勒索者对我们的尊严和完整自我的侵害。

情感勒索的过程通常包含六个阶段——要求、抵抗、施压、威胁、屈服、重启。

第一阶段　要求

情感勒索者为了达成自己的目的，向受害者提出要求。

第二阶段　抵抗

受害者发现自身的需求与对方提出的要求相悖，故而产生抵抗心理，拒绝情感勒索者提出的要求。

第三阶段　施压

遭到拒绝后，情感勒索者无视受害者的感受，选择继续施压。

第四阶段　威胁

情感勒索者进一步对受害者进行威胁，并强调是受害者让他感到痛苦和不快在前。

第五阶段　屈服

受害者抵抗失败，最终选择屈服。

第六阶段　重启

勒索者继续施压，让受害者屈从于恐惧感、责任感或罪恶感的支配，彻底屈服，双方最终形成一方施压，另一方屈服的相处模式。

情感勒索之所以能够取得成功，关键还是在受害者身上。通常来说，容易陷入情感勒索陷阱的受害者，大多具备以下几个特点：过度需要他人认可、过度害怕对方生气、过度共情、频繁自我怀疑、过度回避冲突等。

要想摆脱情感勒索的陷阱，我们需要做到以下几点。

○　1. 学会倾听自己内心的声音，了解自己真正的需求，并听从它的指引。

○　2. 扛住压力，不要轻易妥协，当情感勒索者用各种方式对你发火、哭泣、生气或强调你对他的亏欠时，请深呼吸，然后一遍遍在内心告诉自己"我受得了"。

○　3. 相信自己，肯定自己，不要因为对方施加在你头上的道德绑架而产生动摇，只有守住原则与底线，才能真正摆脱情感勒索的陷阱。

○　4. 当你感到自己已经无法抵御来自情感勒索者的压力时，立刻采取 SOS 策略，即先停下来（stop），不要立刻做出决定，然后以旁观者的角度冷静观察（observe），重新思考和审视勒索者的话语和反应，最后再制定策略（strategize），根据情况对勒索者做出回应。

请记住，情感勒索是一种不健康、不公正的交际方式，无论何时，我们都要学会坚持自己的价值观，保持自己的个人独立性和自尊心，维护好自己的权益，避免落入情感勒索的陷阱。

所有人都需要独处的空间

前阵子，朋友老方和妻子闹矛盾，险些把离婚提上日程。矛盾的导火索说来有趣，是老方的"神秘半小时"。事情是这样的，老方的公司距离他居住的小区大约有 25 分钟的车程，排除加班等意外状况，老方每天下班后会在晚上 7:00 左右到家。

一直以来，老方的妻子都以为老方每天的下班时间是晚上 6:30，直到前一阵，她到老方公司附近办事，偶遇了老方的一位同事，当时大概是晚上 6:15，老方的妻子随口一问，这才知道，原来老方公司的下班时间一直都是六点整。

这个"真相"让老方的妻子大为震惊，如果公司六点整就已经下班，那么这每天晚出来的"神秘半小时"老方都拿去干了些什么？

因为这件事，老方两口子吵得不可开交，而最终的真相也实在是让人啼笑皆非。原来，老方的"神秘半小时"都是独自一人在停车场度过的，每天下班开车回到小区的停车场后，他都会独自一人在车里坐半小时再回家。在这半小时里，他可能是玩几局手机游戏，也可能会听几首歌，或者吃几袋小零食，甚至有时可能什么都不干，就这么静静地坐在车里发发呆。

老方的妻子实在不明白，这些事情明明在家里也可以做，自己也不是那种喜欢揪着丈夫唠叨的人，为什么老方就偏偏要瞒着她，偷偷在停车场待这半小时呢？

其实，从心理学的角度来说，所有人都需要独处的空间，这是一种非常正常的心理需求。很多时候，人们独处，仅仅是因为需要，而不是为了逃避什么，或者远离什么。就像老方，他给自己留下了"神秘半小时"，来让自己拥有一个独处的空间，但是这并不意味着他想逃避家庭，或是不愿意和妻子相处。

人们需要独处，更多的是为了进行内在的整合。所谓整合，简单来说，就是把在生活中接触到、学习到、收集到的新的经验，存放到内在记忆中的某个恰当的位置上。只有经历了这个过程，我们才能更好地消化外来信息，以实现自我的成长与完善。

独处既是一种能力，也是一种需求，所有人都需要有独处的空间，也都需要培养独处的能力。这决定了我们是否能够真正形成一个相对自足的内心世界，同时也影响着我们的内心世界与外部世界的联系。

人是群居动物，在这个世界上，没有任何一个人可以忍受绝对的孤独。但相应地，如果一个人连一丁点的孤独都无法忍受，那么只能说明他必然是一个灵魂空虚的人。因为灵魂过于贫瘠，所以无法享受独处的快乐，一旦有些许闲暇，就必须找个地方消遣。这样的人看似日子过得热闹，但实际上内心却是一片空虚和荒芜。

著名作家村上春树就是个非常喜欢独处的人。他过着十分规律又俭朴的生活，每天早上五点起床，晚上十点就寝。清晨的几个小时是身体机能最为活跃的时间，在这段时间，村上春树就集中精力去完成重要的工作。随后，他或是进行运动，或是处理杂事，将那些不需要精力高度集中的工作处理完毕。等到了日暮时分，便是他优哉游哉地读书、听音乐的时间，让精神得到全然的放松。

在很多人看来，村上春树的生活是有些孤独的，但他显然乐在其中，并在这样的独处时光里创作出一部部优秀的作品。

正如一位作家所说的："寂寞是最好的增值期。"人只有明白了独处的价值，懂得享受和珍惜那些独处的时光，学会倾听自己内心的声音，才能活得有深度，把生活的点滴都过成诗。

马斯洛需求层次理论是心理学上的一个非常著名的需求层次理论，通常被描绘成金字塔的形状。从金字塔底端向上，人的需求分别为：生存需求（食物和衣服）、安全（工作保障）、归属（社交需求）、被尊重（自我表现）以及自我实现。

而"自我实现"这一最高级的需求，通常都是在独处中完成的。可以这么说，越是优秀的人，就越喜欢独处，因为优秀的人，他们的内心必然是丰富多彩的，而独处就是一个认识自己、面对自己、探索自己的过程。

美国思想家拉尔夫·沃尔多·爱默生曾说过："如果你敬爱自己的灵魂，剔除各种世俗的羁绊，养成独处的好习惯，那么你的才能便会获得飞速的提高，就好像林中郁郁葱葱的树木、田野里盛开的花朵。"

所以，有没有独处的能力，实际上反映了一个人是否真正拥有一个相对自足的内心世界。世界上没有任何人可以忍受绝对的孤独，但与此同时，所有人也都需要拥有独处的空间。

人们只听他们愿意听的

　　你站在公交车上，四周一片嘈杂，手机突然响了，是闺密打过来的，你接起电话，认真听她说话，和她聊天，等挂断电话之后，是不是发现，刚才你似乎完全忽略了周围的嘈杂，也很难回想起接电话的时候你周围的人都说了些什么。

　　夜店里，音乐震天响，聊天都需要用吼的，就连站在你对面的人说话，你几乎都听不清楚。但这个时候，突然有人叫你的名字，不知道为什么，这道声音明明不是最大的，但你几乎立刻就警觉起来，四处张望。

　　你正一边吃饭一边听老妈唠叨和邻居的二三事，突然听到电视机里的娱乐新闻开始播报关于你喜欢的明星的新闻，你顿时精神起来，把注意力都放到了新闻播报上。等新闻播报完毕，你突然听到老妈问你：

"到底怎么样？你觉得呢？"你只能敷衍地点头，"嗯嗯啊啊"蒙混过关，实际上却根本没听到她说了些什么。

很多时候，人们的听觉是有选择性的，当多种声音出现时，听觉似乎总会下意识地选择接收那些自己更感兴趣，或是与自身相关的信息。心理学上把这种现象称为"鸡尾酒会效应"。

为什么会出现鸡尾酒会效应这种现象呢？特瑞斯曼的注意衰减理论或许可以告诉我们答案：当人们的听觉注意集中在某一事物上时，意识就会变成一个"过滤器"，将与之无关的声音刺激都排除在外，与此同时，无意识则继续监察着外界的情况，这样一旦出现与自己有关的特殊刺激，就能立即引起自己注意。

人的注意力是有限的，面对庞杂的信息，我们不可能将注意力均等地分配去接收这些信息，而在这一法则的控制下，我们会下意识地对这些信息进行过滤和筛选，注意那些与我们相关的或对我们而言重要的事物，忽略那些与我们无关或不重要的事物。

心理学上有一个十分有趣的实验，研究者让受试者戴上耳机，耳机左右两边播放的声音是不一样的。然后研究者告知受试者，注意去听其中一只耳机里的声音，并大声将听到的内容说出来。实验结束后，当受试者被问及另一只没有要求他们注意的耳机里听到了什么时，大多数人都回答不出来。有趣的是，在这个过程中，研究者就算把另外一只耳机里播放的材料改变成其他语言，或是将内容打乱，受试者也往往察觉不到。可见，人们的听觉的确是有"选择性"的。

当然，人们听觉的"选择性"并非无迹可寻。通常来说，人们的

鸡尾酒聚会

这是毛毛
的新歌!

当人们将注意力集中在
某一人的讲话上时，就会
下意识地忽略场景中的其他对话
或噪声。 这就是听力选择。

听觉会受到一些因素的影响，比如说话者的权威性、信息的可信度、信息的传达方式以及听众的态度和情感等。相较而言，人们往往更愿意听取那些符合自己观点、利益或者偏好的信息与声音，简单来说就是，人们更愿意听那些他们想要听到的。

此外，我们的感觉随时都保持在警觉状态，尽管我们自己似乎并不能意识到这一点，但这确实是我们生存机制的一部分。因此，刺耳的噪声和敏锐的知觉都会抓住我们的注意力，强行唤醒我们的意识，让我们敏锐地感觉到周围可能发生的不寻常的事情或危险。

对人们来说，注意力其实是一种生存机制，如果没有它，那么我们恐怕早就被知觉和信息的洪流淹没了。毕竟外部世界的信息实在过于纷繁复杂，随时都有大量刺激作用于人的感官，如果不能有选择地对这些外界刺激做出反应，那将是一件非常恐怖的事情。

我们可以把这一心理效应应用到人际交往中，来帮助自己建立良好的人际关系。比如在加入新集体时，想要快速得到别人的好感与认同，就不妨多花一些时间和精力，尽可能地把每一个人的名字记住。别小看这个小小的细节，当对方发现自己的名字被你记住时，心里一定会非常高兴，并且对你好感倍增。

为什么陌生人靠近你会觉得害怕

夜晚独自走在回家的路上，忽然发现身后跟着一个陌生人，心中顿时警铃大作，无数可怕的想法涌入脑海，脚下的步伐也不由自主地加快，直到下一个路口，看到对方脚步一转，往另一个方向走去，高悬的心才慢慢放下；

拥挤的地铁上，小心翼翼地保持着和人群的距离，紧紧抱着手里的包，每一次的拥挤和碰撞，心里都一阵发紧，但凡有一点点的空隙，都忍不住赶紧挪动脚步，尽可能地和周围的陌生人保持距离；

和陌生人一起进入电梯时，总是习惯站在最角落的位置，和对方保持最远的距离，避免视线的碰撞，如果对方突然搭话，或突然靠近，总不免有些紧张和惊惧，心里不停念叨着要去的楼层怎么还不到……

……

陌生人的靠近总会让人感到不安，尤其是在让人感到非常不安全的环境中，如夜晚的街道、街边的胡同或人多拥挤的地方。每一次与陌生人擦肩而过，如果对方与我们的距离超过某一个安全线，立即就会让我们警铃大作，这究竟是为什么呢？为什么陌生人的靠近总会让人感到不安和害怕？

从心理学的角度来说，人们对未知的事物具有天生的恐惧和警觉，这是动物的一种本能属性，而哺乳动物正是通过这一遗传特性有效规避风险，以达到更好地保护自己的生存目的。这是一种对不确定威胁和潜在风险的预警。

就好比看恐怖片，最让人感到恐惧和害怕的，往往不是鬼怪出现或者鬼怪正在对人造成伤害的时候，而是你不知道鬼怪什么时候会出来，甚至不知道有没有鬼怪存在的时候。简单来说，真正让人感到恐惧的，不是什么特定的鬼怪，而是那种未知的存在。

我们对陌生人的恐惧，其实就是一种对未知的恐惧。当危险已经明确时，人们会根据危险的情况来决定是逃离、躲藏还是战斗，但在危险尚未明确时，人们是无法采取任何行动的，因为不知道将会遭遇什么、面对什么，所以连对策都不知道该怎么去想，这才是最可怕的地方。

面对陌生人也是如此，因为不了解对方是什么样的人，对自己是什么样的态度，是友好的、无视的、轻蔑的还是充满敌意的。因为不了解，所以就有许多不确定性，这一系列的问题就成为恐惧本身。

人类对于未知的恐惧是由许多心理机制和因素构成的。在心理学上，恐惧被认为是一种基本情绪，是大脑内部一种十分复杂的生物化学过程。简单来说就是，当人们面对未知的风险或潜在性的威胁时，大脑会释放一些荷尔蒙，比如肾上腺素和皮质醇等。这些荷尔蒙不仅能够加强我们的身体反应，让我们能够在危险降临时更加迅速地做出逃跑或战斗的行动，还能提高生命体征，从而提升我们应对危险的幸存率。

此外，自身的经历、文化背景以及所处的社会环境等，也会直接影响到人们的心理状态和行为表现。比如曾经有过的某些负面经历，诸如遭遇欺凌、虐待或伤害，往往会导致人对未知事物产生更多的恐惧。换言之，有过这样经历的人，对陌生人的靠近会感到更害怕。

当然，社交恐惧和社交焦虑也可能是造成害怕的原因之一。存在社交恐惧和社交焦虑的人，在面对别人时，会产生一系列的焦虑和恐惧，比如害怕别人对自己评头论足，担心自己被拒绝或者被忽略等。这些担忧和恐惧会引发一系列负面情绪，让人感到紧张、害怕和不安。这是一种心理问题。

导致社交恐惧和社交焦虑的原因很多，比如遗传、生物化学因素或者社会文化压力等。如果情况比较严重，甚至影响到了正常的生活，那么是需要向专业机构寻求治疗的，包括药物治疗和心理治疗等。

如果问题没有那么严重，那么我们不妨给自己一些暗示，在面对陌生人时，给自己一些积极的愿景画面，比如想象自己与对方愉快交流的画面，或是自己得到对方的赞赏与夸奖等，用这些正面的印象来增强自信，消除不安。而且，这种正向的愿景往往也会影响到我们在面对陌生人时的行为与表现，让一切往更好的方向发展。

　　需要注意的是，在以积极愿景来暗示自己，消除对陌生人恐惧的同时，我们也不能完全放下对陌生人的警惕，毕竟我们无法了解一个陌生人的真实意图和目的，也无法判断对方是否真的对我们无害。因此，为了保护自己的生命和财产安全，在面对陌生人时，一定要保持一定的警惕性。尤其是在与陌生人打交道的时候，可以采取一些措施来保证自己的安全，尽可能地规避风险。比如在前往陌生地点赴约前，先查找一下相关信息；在和陌生人交流时，尽量不要泄露自己的隐私等。

为什么"三个和尚会没水吃"

在做这个项目之前，小秦一直相信"人多力量大"，一个人做不完的事，两个人一起加油或许就能完成，要是三个人一起做，那就完成得更加轻松了。然而现实却是，人越多，工作竟越来越难做，办事效率甚至不如人少的时候……

我国有句谚语："一个和尚挑水吃，两个和尚抬水吃，三个和尚没水吃。"意思就是，只有一个和尚的时候，他渴了就会自己去挑水来喝；当有两个和尚的时候，他们渴了，就会一起去抬水喝；但有三个和尚的时候，大家就犯了愁，没有谁想一个人去挑水，便宜另外两个人，而要是两个人去抬水，那岂不是又便宜第三个人？就这样，大家面面相觑，谁都不愿意去取水——人多了，活儿反而没人干了。

德国心理学家马克斯·瑞格曼做过一个集体拔河实验，受试者们被

制度创新：

三个和尚每天
轮流挑水

体制创新：

每天每人分别挑
三分之一路程

技术创新：

利用山间竹筒
引流

三个和尚有水
喝的美好日子

安排在两种不同的情境下进行拔河，一种是单人拔河，另一种是多人拔河。在受试者们不知情的情况下，瑞格曼用特殊的仪器测量了他们在两种不同情境下参与拔河的拉力。

通过这个实验，瑞格曼得到一个十分有趣的结果。他发现，随着参与拔河人数的增加，每个受试者所出的力气都减小了。比如一位受试者在进行单人拔河时，拉力为 63 公斤；而当加入三人的群体中进行拔河时，这个人的拉力减小到 53 公斤；而当加入八人群体的拔河时，他的拉力就只有 31 公斤了。

这种多个人共同完成一项任务，人数越多，每个人平均出力越少的现象，在心理学上被称为"社会惰化效应"，也叫作"社会懈怠效应"。这一现象在日常生活中是非常普遍的，以下几组真实数据就非常直观地反映了这一点。

苏联时期，私有土地占总农用地的 1%，但产量却占了农业总产量的 27%。

在匈牙利某一时期，农民自耕土地占全国总土地的 13%，而产出的农产品却足足占了全国农产品总量的三分之一。

中国自 1978 年实施家庭联产承包责任制以后，农作物总产量每年递增 8%，是过去 26 年里平均增幅的两倍半。

可见，人多不一定力量大，有时候，人多了，每个人的付出与努力反而会变少，导致最后"三个和尚没水吃"的局面。那么，究竟为什么会出现这样的现象呢？为什么办事的人多了，反而容易出现"社会惰化效应"呢？

原因一　不公平感

不公平感主要来自两方面：一是任务安排，二是工作回报。

当很多人合作完成一项工作时，必然会涉及分工问题，这种时候，如果不能公平合理地分配任务，那么必然会有人觉得自己做的比别人多，或是比别人难，而为了减少这种不公平感，在做任务时自然就会少出力。

回报问题也是如此，如果人们觉得自己的付出与回报不相符，或者明明自己做得比别人多、比别人好，但却只能拿到和别人一样的回报，那么心理上自然会觉得不平衡。这样一来，为了消除这种不平衡的感觉，就可能会消极怠工。

原因二　责任分散

当群体一起完成一个目标时，由于大家的身份都是一样的，在目标达成后，功劳大家一起分，同样，如果无法完成，责任也一起承担。在这样的情况下，人数越多，分散到每个人头上的责任就会越少，加上即使自己多出力，也不会得到更多好处，于是就不可避免地会有人偷懒或懈怠，继而出现人越多事情反而越是办不好的现象。

不论在哪里，社会惰化效应都是对团队协作的一种毒害，想要避免这种效应的出现，我们就必须遵循三点。

第一　分配要公平公正

在分配任务时，做到公平公正，让每个人的付出都能得到相应的回报，尽可能消除团队成员的不公平感。这样才能让每个人都保持积极性，从而保证团队的凝聚力和战斗力。

第二　把责任落实到个人头上

人们在群体中容易出现偷懒和懈怠的行为，是因为人在处于群体中时，会认为不管自己有什么样的表现，都不会被别人看到，既然如此，那么又何必出那么多力呢？而且，既然有那么多人一起做事，那么有的事情，你不去做，总会有别人去做。要杜绝这样的现象发生，我们就必须消除人们的侥幸心理。在分配任务时，安排好每一个人的目标，把责任落实到每一个人头上，直接杜绝浑水摸鱼的可能。

第三　提高效率

既然是一个团队，那么就少不了沟通与摩擦。如果你是管理者，那么一定要提高工作效率，找到更高效的执行方案，并随时了解员工的情况和可能出现的问题，避免出现"三个和尚没水吃"的窘况。

Part 3

·
◇
●

不为人知的
怪癖心理学

世界上没有两片完全相同的树叶，也不会有两个完全相同的人。当某个人拥有的特质、特点、喜好、兴趣是与大众不同的，是在生活中不常见的，就会被说是有怪癖。这些怪癖从何而来？是否需要纠正？我们一起来了解一点儿怪癖心理学吧。

储物癖：生活在垃圾堆里的人

买完菜回家，你刚打算把装菜的塑料袋扔掉，就听到老妈一声大喝："干啥呢？别丢别丢！这还能用呢，装装垃圾啥的……"

看着旁边已经塞了满满一纸箱的塑料袋，你也只能无奈地交出手里这个差点丢弃成功的塑料袋。有什么办法呢？以往的无数经验已经证明，只要有老妈在场，你就别想成功丢弃任何一个塑料袋……

在我们身边，似乎每个人都或多或少有点储物癖：电脑收藏夹里的一堆网页；抽屉里塞得满满的塑料袋；角落堆得小山一般高的快递箱；衣柜角落里满是岁月印记的碎布头……甚至还有人囤自己掉落的头发、拔下的牙齿、剪掉的指甲等。

囤积就仿佛是写在人类基因里的天性一般，事实上，除了人类，自然界中的很多生物也都存在囤积行为。比如在橡子丰收的秋季，啄木鸟会在树上凿洞，把橡子一颗颗藏进去，据说一棵树上最多曾储备 5 万多颗橡子呢！鼹鼠最喜欢的食物是蚯蚓，为了储存食物，它们会专门建造一个储藏间，把蚯蚓囤积到里面，以保证在食物歉收的时候不会饿肚子。远古时期的人类同样也会储备食物、武器和工具，这是能够帮助他们提高存活率的有效策略之一。

对于新时代的人们来说，广受欢迎的塑料袋大概就像远古时期的长矛、石刀一般，是能够派上用场的工具，所以无论如何都不能丢弃，毕竟总有一天是能派上用场的呀！

轻微的储物癖好对我们的生活并不会造成多大影响，但发展到严重时，储物癖就成为一种精神疾病了，患上这种疾病的人，生活将会变得十分糟糕。而陷入这样糟糕生活的储物癖患者，隐藏在世界的各个角落。有数据显示，在美国，有 6% 的人受到储物癖的困扰；而在英国，有 300 万人正深陷储物癖的泥淖。

当储物癖发展成为一种精神疾病时，究竟有多可怕呢？以下的一则新闻或许能让你有更深的了解。

一天晚上，居住在哈尔滨南岗区的宋女士突然听到隔壁传来持续不断的敲击声。宋女士隔壁居住的是一位独居的老太太，平时彼此并没有什么来往，但听到这种异常的声音，宋女士还是很担心，怕老太太出了什么事，于是立即拨打了报警电话。

原来，敲墙求救的人的确是老太太，她是被自己囤积的两米多高的垃圾困住了。当时，垃圾突然倒塌，站在一旁的老太太躲避不及，结果被埋在了下面，整个人都无法动弹。无奈之下，她只得敲墙求助。

　　救援人员赶到的时候，发现老太太的家门被倒塌的垃圾堵得严严实实，根本无法打开，只好先清理出一小块区域，让老太太的头部露出来，并从门口给她递了食物和水，然后再继续展开救援。

　　如果这位老太太的经历还无法让你清楚地了解储物癖的可怕之处，那么 2009 年美国拍摄的一部有关储物癖人群的纪录片《囤积者》或许能让你产生更多的触动。

　　那些患有储物癖的人，可比喜欢囤积塑料袋的你要可怕得多。他们无法丢弃任何东西，包括那些没有任何用处的垃圾和过期的食品等，即使这些东西充满危险，非常不卫生，也不具备任何价值，但他们就是无法丢弃它。于是，你会看到，他们经常和食物、垃圾待在一起，如同生活在一个垃圾场中。

　　这种强迫性的储物行为，不仅会对他们的身体健康造成极大的伤害，也会让居住的房子变得十分危险。由于他们几乎都是独居，房中又充斥着垃圾，所以没有人愿意接近他们的房子，走入他们的生活，于是他们就更加容易把感情寄托于囤积东西上，进而形成一种恶性循环。

　　美国的心理学家对储物癖患者进行过一些病因方面的研究，他们将一台电脑扫描仪与患者连接，然后把一封信件交给患者，让他们决定是否要丢弃，之后又让患者亲眼看着这封信件被研究人员撕毁。在这个过程中，研究人员通过观察仪器上显示的患者大脑变化情况，发现在患者决定是否丢弃信件，以及亲眼看着信件被撕毁的时候，大脑前额脑区底部和海马状结构的区域变得十分活跃。可见，这两个区域很可能和患者的囤积行为有关。

那么，我们该如何判断自己或亲友的储物癖是否已经发展到需要寻求治疗的程度呢？以下是 DSM 美国精神疾病诊断标准中给出的一些参考，或许能给你一些帮助。

○　1. 没有躯体和脑部疾病。

○　2. 不管事物有没有价值，丢弃的时候总是感到很困难、很痛苦。

○　3. 困难和痛苦往往源自强烈的囤积欲望和存储困难的矛盾冲突。

○　4. 由于囤积量过大，生活或工作场所变得混乱。

○　5. 囤积的物品已经失去了原有的使用价值。

○　6. 以上的行为引发了明显的焦虑情绪，并导致出现社会、职业或其他重要功能的损害。

明明如此美丽，为何如此不满

2021 年，《中国青年报》用 2063 份问卷调查了部分国内高校大学生的容貌焦虑心理状况。调查显示：59.03% 的大学生存在一定程度上的容貌焦虑，从整体来看，女生要比男生更加严重。

我的朋友陈阳最近就深深感受到了容貌焦虑的危害性。前些天，陈阳和网恋多年的女友小蓓终于相约奔现，但在见面之前，小蓓却不止一次地告诉陈阳，她长得很丑，网上的照片都是美颜过的。小蓓不厌其烦的提醒让陈阳心里有些慌乱，这是得有多难看才会这么一遍又一遍地强调呀！虽然心里有些打鼓，但陈阳并不打算轻易就放弃这段感情，还是想和小蓓见一见。

到了约定的那天，陈阳怀着激动又忐忑的心情去了相约的地点，令人惊讶的是，小蓓不仅不像她自己说的那样难看，反而还十分漂亮，这让陈阳惊喜不已，还以为小蓓故意这么说，是在考验他。

然而，在两人交往之后，陈阳才惊讶地发现，小蓓说自己长得丑，并不是为了考验陈阳，而是她真心认为自己长得非常难看。哪怕周围的人一次又一次地告诉小蓓她很漂亮，她也始终坚持认为大家是在安慰她。

对于女友的自卑，陈阳真是百思不得其解。明明如此美丽，为何却对自己如此不满？

每个人都会在乎自己的外貌，这是非常正常的事情，但如果一个人对自己的外貌过度关注，甚至对自己的外貌产生认知上的偏差，就像小蓓这样，明明长得挺美，却总是认为自己太丑，那么就很有可能是患上体象障碍了！

"体象"是奥地利精神分析师保罗·希尔德提出的一个概念，指的是我们的身体在自己头脑中形成的样子，即我们的意识中显现出来的自己身体的模样。而每个人对自己的身体都是抱有一些特定看法的，可能是积极的，也可能是消极的。也就是说，体象还包含着人对自己身体的美感和性吸引力的看法，不仅仅是单纯的外貌皮相。

当一个人以消极的态度去看待自己的体象时，就会下意识地关注甚至放大自己的缺点，认为自己的体象不符合社会主流审美，从而产生体象焦虑。当这种焦虑被不断放大时，这个人就会感到明显的痛苦，这种痛苦和焦虑甚至可能对其个人正常的生活和社会职业功能造成严重影响，体象障碍也就由此发生了。

很多人无法理解，为什么有的人明明长得已经很漂亮，却还是对自己不满意，沉迷在一次又一次的整容之中；为什么有的人明明已经非常瘦，却还是觉得自己太胖，为了减肥不惜摧残自己的健康。这其实正是患有体象障碍的一种"病症"，患有体象障碍的人，消极的想法和担忧会占据他们的思想，耗尽他们的精力。无论别人怎么说，他们都无法对自己的外貌感到满意。他们无法客观地评价自己的外貌，由于过分的担忧和焦虑，他们总是感到很自卑，自尊感非常低，随时都害怕遭到别人的拒绝。因此，很多患有体象障碍的人，都会为了避免被别人拒绝或遭到负面的评价而躲避社交活动。即使不得不参加社交活动，也会下意识地通过过度装饰来遮掩自己以为的缺陷，比如化很浓的妆，或是穿繁重的衣服等，让自己看上去更加奇怪。

　　体象障碍的病症是有迹可循的，只要留心观察就会发现，通常来说，患有体象障碍的人可能会出现一些强迫性的重复行为。

○　1. 不停地照镜子来检查自己的外表，或是根本不敢照镜子。

○　2. 反复询问别人对自己外表的看法。

○　3. 总是因为自己的外表而感到担忧和焦虑，十分有压力，但实际上这并不是什么大问题。

○　4. 害怕被人看到，所以总是化很浓的妆，或通过帽子、衣服等遮掩自己的容貌。

○　　5.总是担心自己的生活和工作会因外貌而受到负面影

响，但实际上并不会。

○　　6.不敢参与社交，尽量避免与人接触。

这些行为其实分为三种类别。

第一类　强迫行为

即不停地照镜子，挑剔自己的"瑕疵"，比如皮肤不够好，头发不够顺滑等，这类行为其实是对强迫性想法的一种反应，主要是为了转移焦虑和其他的痛苦情绪。

第二类　安全行为

即用浓妆或帽子、服饰等遮掩容貌，以免因外貌问题而引发不好的事情，比如遭到别人的羞辱等。

第三类　回避行为

即躲避社交和亲密关系，以免遭到别人的拒绝和负面评价，是低自尊感的一种体现。

　　如果你或者你身边的人出现这些征兆，一定要重视，体象障碍是一种心理疾病，是需要进行引导和治疗的。很多体象障碍者就是因为没有意识到这是一种疾病，在长时间封闭自己后，越发感到自己毫无价值、没有人关爱，继而引发了暴力、滥用药物，甚至自杀的想法与行为。

　　引发体象障碍的因素有很多，可能是受到社会文化的影响，也可能是受到自身完美主义倾向的影响。目前的主流看法是，体象障碍和很多的精神疾病一样，是多种因素共同作用的结果。

○　1. 基因：一些研究显示，体象障碍可能存在家族遗传问题。

○　2. 大脑差异：研究表明，体象障碍者大脑中处理体象信息的特性区域的外观和工作方式存在问题。此外，研究还发现，5- 羟色胺失衡会促发体象障碍。

○　3. 人格特质：完美主义者或低自尊者更容易患上体象障碍。

○　4. 环境：文化背景、成长经历和生活环境等存在问题的个人，尤其是那些在童年时期受到虐待、忽略，或是曾遭遇关于身体或形象方面负面评价的人，更容易患上体象障碍。

怀旧，寻找遗落在过去的美好

"如果你突然打了个喷嚏，那一定就是我在想你，如果半夜被手机吵醒，啊那是因为我关心……"伴随着甜美的歌声响起，王心凌成功掀起一波回忆杀，让无数"王心凌男孩"瞬间梦回青春，在娱乐圈掀起了一波怀旧热潮。

怀旧是一种全球性的情绪，无论哪个领域，都会不断涌现"怀旧热潮"，仿佛在人们的印象中，过去的东西总比现在好。那么，过去真的就比现在更美好吗？我们为什么总是对过去念念不忘？

"怀旧"一词是 1688 年由瑞士医生约翰内斯·霍弗创造的一个术语，在 20 世纪中叶之前，怀旧都被认为是一种情感疾病。一直到 20 世纪末期，美国心理学家克里斯汀·巴乔等人通过研究发现，人们的怀旧情绪，所怀念的东西涉及范围是非常广的，包括亲人、旧友、童年、食物、曾经的生活方式等。简而言之，怀旧其实就是一种对过去的渴望，这个对象可以是某个人、某个地方，也可以是某件事、某种独特的感觉。

怀旧是历史上有争议的情绪

过去　　　　　　　　　　　　　　　现在

在此之后，心理学领域开始将怀旧视为一种情绪体验。到如今，心理学领域将怀旧定义为"一种对于过去饱含情感的渴望和向往"，一种"以过去为导向，以积极体验为主导，与自我高度相关的社会性情绪"。

怀旧并不局限于特定的人群或年龄，任何性格的人都可能存在怀旧情绪，任何年龄段的人也都可能存在怀旧情绪。但相对来说，中老年人确实比年轻人更容易引发怀旧情绪，尤其是那些正处于人生过渡阶段的人。

这其实不难理解，随着年龄的不断增长，人的机体功能在逐渐老化，无论是思维、记忆还是理解力，也都在逐步下降。在这样的情况下，大脑所储存的往日信息就会越发凸显出来，一旦遇到某种相关的刺激，就会立即涌现出来。而那些处于人生过渡阶段，比如离职、退休等的人，由于对将来的未知生活充满焦虑与恐惧，往往更容易触发怀旧情绪，以此来获得一定的心理安慰和情感支持。

总体来说，心理学家认为，怀旧对人们来说，是具有广泛积极意义的。一方面，怀旧作为一种特定的心理资源，能够帮助人们有效缓解孤独感、提升和维护自尊、促进社会交往等；另一方面，怀旧情绪能够在一定程度上帮助人们产生更多的亲社会行为，促发人们的同理心，进而表现出更多的公益性、利他性行为。

尤其是面临危机或社会动荡的时期，怀旧情绪往往能带给人们较为舒适和亲切的正向情感体验，为人们的内心建造一个庇护所。从社会学角度看，在人生经历重大转折的时候，人们更加需要通过怀旧来保持身份，唤醒自我。简而言之，怀旧是自我感知不可缺少的重要部分。

即使如此，让我们怀念的过去就真的比现在好吗？想必你一定听别人念叨过诸如"还是老歌更好听""还是过去的明星素质更高""过去的老电影才是经典"之类的话，甚至你自己也可能有过这样的感觉。但事实真的如此吗？过去的种种真的优于现在的种种吗？这就不得不提到一个非常有趣的心理现象了，那就是记忆偏差。

记忆偏差是一种普遍存在的心理现象，简单来说，记忆偏差其实是一种认知偏差，它会增强或者削弱人们对某些事件的回忆，甚至篡改回忆的内容。人的记忆是一个持续构建和重建的动态过程，并不是一成不变的，因此，人们记忆中的过去和实际发生过的事情未必是完全一致的。

此外，由于人的自我保护机制，人们往往更容易记住积极事件，忘记消极事件。这种记忆偏差会直接影响人们的判断与决策，导致人们在回忆从前的事物时，比如回忆一些老歌或老电影时，想到的往往都是当时的一些经典，并且下意识地认为，这些经典就是过去音乐或电影的代表，而忽略了同时期存在的那些质量不佳的作品，继而得出结论：过去的比现在的好。

需要注意的是，适当的怀旧是正常的，通常也能带给我们积极的情绪体验。但如果过分怀旧，甚至因怀旧而否定现在和未来，那么就可能陷入病态。而病态怀旧心理的出现往往是人无法适应环境的表现和结果，是一种对现实的逃避。

想要判断自己的怀旧情绪是否正常，可以参考以下几个方面。

○ 1. 对怀旧的依赖程度：如果一个人终日怀旧，甚至因此而忽略了眼前的生活，那么这种怀旧就是病态的、不健康的。

○ 2. 怀旧引发的情感：怀旧引发的情感是复杂的，有喜有乐，有悲有痛，如果一个人在怀旧时，只能得出消极的结论，或是只能产生积极的情绪，那都是不正常的。

○　3. 他人的态度：若你身边的人都认为怀旧之于你来说是一种自我折磨，那你也该引起重视了，这意味着你的怀旧情绪大概率是不正常的。

恋丑癖:"鲜花"为何要嫁"牛粪"

听说长相甜美的班花阿琳要结婚了,大强和一众曾经班上的男同学心里都不免有些酸溜溜的,等组团参加班花的婚礼后,这心里就更不得劲儿了。班花还是一样甜美可爱,身穿白色婚纱,微微一笑时,像盛开的百合花一般美丽,可她身边的新郎,秃头,大肚,蒜头鼻,五短身材……简直就是标准的美女与野兽、鲜花与牛粪!

看着这极度不匹配的一对新人,无数大老爷们心中都哀叹不已,早知道班花喜欢丑的,自己当年就努力一把了!

像班花阿琳和她的"野兽"老公这样的组合在现实生活中并不罕见,这也让人不由得感到奇怪,为什么"鲜花"总是喜欢往"牛粪"上插呢?

虽然俗话说"萝卜白菜各有所爱",不同的人有不同的喜好,有的人喜欢萝卜，有的人喜欢白菜，这是非常正常的。在审美方面也是如此，不同的人有不同的审美点。有人喜欢大眼睛，有人喜欢丹凤眼；有人喜欢性感嘟嘟唇，有人喜欢精致樱桃小口。但对于美和丑，大众的眼光其实并没有那么大的差异，那么，喜欢"牛粪"的"鲜花"们是不是有"恋丑癖"呢？

在心理学领域，还真有"恋丑癖"的存在。通常来说，恋丑癖被视为性偏好障碍的一种，它被定义为对某些被大多数人认为丑陋或不吸引人的事物、形象或行为等，具有十分强烈的好奇与兴趣，甚至达到了性幻想的程度。然而事实上，虽然恋丑癖的确存在，但相比其他性偏好障碍来说，要更加罕见得多。因此，"鲜花"与"牛粪"相伴，实际上更多是出于"策略"，而非个人偏好。

电影《美丽心灵》中有这样一个场景：

上大学的男主角约翰·纳什和几个男生在酒吧喝酒闲聊，这时酒吧里进来五个女孩，其中一个长相十分出众，其他四个长相比较一般。男生们的目光都被长相出众的女孩吸引了，都想上去和她搭话。

这时候，纳什提出了一个观点。他认为，如果大家都去讨好那个长相出众的美女，那么很可能到最后，谁都讨不了好。重要的是，男生们在铩羽而归后，再想转而去讨好其他长相一般的女孩时，这些女孩很可能会因为自己是"退而求其次"的选择而不开心，继而也拒绝这些男生。

于是，纳什提议，为了增加胜算，大家应该直接跳过长相最出众的美女，去找其他四个长相一般的女孩搭讪。这样一来，大家搭讪成功的概率就大大增加了。

在现实的男女配对中，我们除了考虑男性和女性的"条件适配度"之外，还需要考虑其他的一些因素，比如人们的心理诉求等。像有的男性，可能有较强的控制欲，或是比较大男子主义，又或是本身比较缺乏自信，他们在择偶的时候，就会下意识地选择比自己"条件差一点"的异性，于是在现实状况中，最可能出现的配对就变成：A男配B女、B男配C女、C男配D女。这时候，我们发现，最不可思议的情况出现了，被遗留下来的变成了A女和D男！瞧，看似距离最遥远、最不可能牵扯到一起的"鲜花"与"牛粪"就这样相遇了。

当然，这也只是其中的一种情况，即使被"剩"下，"鲜花"们也不一定就非得接受"牛粪"不可。更何况，那些我们肉眼所见的"牛粪"，除了外貌之外，未必就真是所谓的"D级"，从另一个角度来看，能够滋养"鲜花"，为"鲜花"提供养分的，不正是"牛粪"吗？

从现实角度考虑，对女性来说，在最初恋爱的时候，或许会被男性的外貌所吸引，但到了需要考虑婚姻的时候，外貌条件也就没那么重要了。对方是否体贴、是否能提供稳定的生活、是否能担负责任、是否顾家……这些都比帅不帅要重要得多。

而从男性的角度来说，外貌出众的男性想必无论在哪里都能获得一定优待，身边也不乏追求的异性。他们不需要在其他方面努力，就能轻易得到异性的关注。而那些样貌欠佳的男性，如果想要获得异性的青睐，就必须加强其他方面的优势来弥补外貌的不足。

所以说，"鲜花"嫁给"牛粪"，可能未必是审美异常，或是存在"恋丑癖",也可能是"鲜花"们人间清醒,知道能够真正滋养鲜花的,正是其貌不扬但营养丰富的牛粪,而非另一朵顾影自怜的"鲜花"。

异性恐惧症：需要治疗的幸福

看着暗恋的姑娘迎面走来，内心有无数的情话想要诉说，鼓起勇气走上前，却紧张得连一句搭讪的话都说不出来，手心里全是汗水，最后只能眼睁睁看着姑娘走远……这是 25 岁的小徐在恋爱之路上的又一次滑铁卢。

是的，"又"一次。从学生时代开始，小徐就很少和异性接触，那时候，家里人担心他早恋，一直对他管束得十分严格。后来上了大学，家里的管束没有那么严格了，小徐也和其他同龄的男生一样，对爱情有了美好的憧憬，也有了自己暗恋的女孩。

但眼看着身边的同学、朋友从恋爱到分手，到又开始恋爱，小徐都始终没能成功拥有一段属于自己的恋情。倒不是说小徐有多差劲，或者眼光有多高，而是因为他在面对女孩子的时候，总是紧张得连话都说不顺畅。就这样，因为"开不了口"，小徐一次又一次地错过喜欢的人，一次又一次地与甜甜的恋爱擦肩而过。

你身边想必也有像小徐这样害羞腼腆的人，只要一见到异性，就紧张得面红耳赤、说话结巴，好像瞬间就丧失了正常的交流能力。但这真的只是因为害羞腼腆吗？小心哦，也可能是因为患上了"异性恐惧症"呢！

异性恐惧症属于社交恐惧症的一种，患上这种病症的人都有一个共同特征，那就是"过分害怕异性的目光接触"。

异性恐惧症

患有异性恐惧症的人和性格内向、害羞腼腆的人是不一样的。简单来说，内向害羞的人在面对异性的时候，主要是一种"羞于表达或者不想表达"的状态；而患有异性恐惧症的人则不然，他们在面对异性时，内心其实是有迫切表达欲望的，但却不知道怎么开口，或者说根本没办法开口。就像小徐，他在面对自己暗恋的女孩时，内心是非常想跟对方搭讪和表白的，甚至已经鼓起勇气付诸行动了，但因为紧张、恐惧、焦虑等情绪的作用，导致他没办法完成自己想做的事情。这显然已经超出了正常的害羞或腼腆。

通常来说，绝大多数人患上异性恐惧症的原因，都是在成长过程中受到了错误的引导和限制。比如父母因为担心孩子早恋，于是在孩子成长过程中限制其与异性进行正常的接触或交往，导致孩子没有和异性相处的经验，或是在潜意识中认为和异性相处是错误的、不被允许的。

还有一部分人则可能是因为曾经在和异性交往的过程中，遭遇了不愉快的体验或伤害，导致对异性产生抵触和恐惧。比如今年已经30岁却依旧单身的小静，她在学生时代曾向暗恋的学长表白，结果不仅遭到对方的拒绝，还被对方的出言不逊伤透了心。自那之后，她就一直抵触和异性交往，害怕再次受到对方的奚落或贬低。

前文说过，异性恐惧症实际上属于社交恐惧症的一种，主要是一种心理障碍。如果症状不严重，那么大部分人的症状都会随着上大学参加社团，或是工作后进行各种社交活动，在逐步与异性展开接触的过程中慢慢好转，甚至消失。但也有一些人，可能会因为始终无法摆脱异性恐惧症，导致始终无法和异性正常相处，甚至直接影响到正常的工作与生活。

由于异性恐惧症主要是心理上的障碍，因此，心理治疗是治疗异性恐惧症最常见也最合适的方法之一。其目的就是帮助患者找到产生这一问题的根源，然后引导患者学会应对和克服这些情绪，逐步摆脱异性恐惧症的困扰。

当然，如果症状较轻，我们也是可以通过一些方法来自我调节，逐步摆脱异性恐惧症的。以下是一些有效的建议。

1. 自我暗示

每个人身上都存在着自我调节、自我维护和自我改善的力量，因此，我们可以通过积极的暗示来提升面对异性的勇气，再通过逐步的努力与接触，消除自己面对异性时的紧张感。

2. 心理脱敏

所谓"心理脱敏"，就是采用一种渐进的方式，逐步克服内心焦虑和恐惧的一种疗法。比如在与异性见面之前，可以先尝试对着对方的照片来进行对视练习，逐步消除自己对对视的紧张感。之后，可以循序渐进地为自己设定新的目标，让自己逐步习惯和异性的相处。

3. 音乐疗法

　　在进行治疗时，如果实在无法克服紧张、焦虑的情绪，可以通过听一些轻缓流畅的音乐来缓解情绪。心理学家认为，音乐不仅能够对神经系统产生良好的刺激，还能对心血管、消化系统以及内分泌系统等产生积极的影响。

妄想癖：对荒唐的观点坚信不疑

老钱觉得自己真是倒了大霉，不过是一次无意中的帮忙，却害得自己差点就被女朋友甩了，还险些莫名其妙背上"渣男"的骂名。

事情还要从半年前说起。半年前的一天，老钱在公司走廊抽烟的时候，撞见一个女同事在打电话，她神情有些着急，不知道是出了什么事情。当时老钱并未放在心上，他和这个女同事并不熟悉，虽然大家在一个部门工作，但平时也没有什么交集，加上这个女同事性格比较内向，两人连话都没说过几句。

下班的时候，老钱正打算离开，忽然看到那个女同事被另一个女同事拉住，拜托她帮自己加班。那个女同事平时就是那种有些唯唯诺诺的性格，不太会拒绝人，虽然脸上一副焦急的样子，嘴里的拒绝却是声若细蚊。老钱有些看不下去，便上前没好气地说了句：

"别人没事，就你有事啊？让人家替你加班，那要不工资也让人家给你领了呗？"

这件事对老钱来说，就是生活的一个小插曲，过后也就抛之脑后了。更何况，在那之后，他和那个内向的女同事之间的关系也没有发生什么变化，依旧是几天说不上一句话。

半年后，老钱通过相亲认识了女友晓红，很快两人就走到了谈婚论嫁的地步。可没想到，就在两人感情发展一切顺利的时候，老钱突然接到女友的电话，被劈头盖脸臭骂一顿，下了分手通牒。女友话里话外都在说自己是个脚踏两条船的渣男，老钱一头雾水。

虽然恼怒女友的喜怒无常，但老钱还是想把事情搞清楚，好不容易"堵"到女友后，两人一沟通，老钱才知道，原来之前有个女人找到女友，说自己和老钱才是一对，还辱骂女友是个不要脸的"小三"。最令老钱感到意外的是，那个上门责骂女友的人，竟然就是自己公司那个内向的女同事！

后来，在老钱的百般解释加上其他朋友和同事的做证下，女友才勉强相信了他是清白的，而那个女同事在不久后也辞职离开了公司。之后老钱才听说，那个女同事是心理方面出了一些问题，患上了妄想症。她一直认为，老钱和她才是一对，两人互相喜欢，一直在搞地下恋情，因为工作的原因才不能把彼此的关系宣之于口。

老钱思前想后，自己和那女同事唯一算是有交集的地方，大概也就是那天他顺口的一句"仗义执言"了，可谁能想到，就这一句话，还能引出后续这么一堆麻烦事儿！

妄想是人类自然活动的一环，每个人都会有妄想的时候，比如妄想自己买彩票中了五百万，要怎么怎么花；妄想某天突然出现个大富豪，说自己其实是抱错的豪门少爷/千金，回家就能继承亿万资产；妄想转角就能遇到真爱，对方一心一意爱自己，恨不得为自己奉献一切……

很多时候，对人们来说，妄想其实是一种对现状不满时的自我安慰、一种对明天未知的期待。但如果妄想过于频繁，甚至发展到分不清现实和想象的地步，那么这就不再是件"正常"的事情了，甚至可以说是非常有害的。当人沉浸于妄想中时，就无法正确地评估现状，甚至会与现实脱节，给自己和别人都造成麻烦，就像老钱的那位女同事一样。

简单来说，当妄想成为一种癖好，甚至一种心理障碍时，妄想就不再只是停留在想想层面的自我安慰了。它会成为一种不理性、与现实不符，并且十分荒唐但却又被坚信的错误信念，包括错误的判断与逻辑推理。最可怕的是，对于那些妄想者而言，即使你把事实和证据摆在他们面前，他们的错误信念也是很难被动摇的。

比较常见的妄想症状可以分为以下几种类型。

第一种　关系型妄想

关系型妄想的患者会把一些原本和自己没有什么关系的人物、事件或行为与自己联系在一起，比如认为电视剧里的情节就是在上演自己的故事，或者把和自己没有任何关系的人妄想为自己的恋爱对象，又或者看到陌生人谈话就会认为他们是在议论自己等。

第二种　被害型妄想

有被害型妄想的人通常都非常敏感，任何一点风吹草动都会引起他们的警惕。他们总是觉得，周围的人都想伤害自己，一直在对自己进行跟踪、监视、打击、陷害等，甚至怀疑有人会在自己的食物和饮用水中投毒，目的就是杀死自己，严重地缺乏安全感。这类型的患者是比较危险的，很容易因为受到刺激而做出过激行为，且大部分患有精神分裂症和偏执性精神病。

第三种　夸张型妄想

夸张型妄想的患者会下意识地夸大自己的财富、地位、能力以及权力等，他们非常爱面子，已经到了一种偏执的程度，对自己没有客观的评价和清醒的认知。有时哪怕面对生死危机，他们也觉得自己非常厉害，不愿面对现实。

第四种　物理型妄想

物理型妄想患者总是认为自己一直受到外界某种力量的支配和控制，就连他们的思维、情感和行为活动等，都是被"操控"的，而"操控"他们的可能是某些先进仪器发出的激光、红外线、紫外线、X射线、电波等。由于这些外力因素通常都和物理有关，所以这类型的妄想被称为物理型妄想。

Part 4

·
◇
●

玄学妙事背后
的神奇心理学

你生活中是否总是有奇怪的巧合？是否有从哪个方面都解释不通的奇怪现象？当苦寻答案而不得的时候，人们就会将此类情况归因于玄学。然而，这些情况真的是无法解释的吗？心理学能为你提供一些回答。

为什么你选的都是错的

终于存够钱买车后，欣洁和丈夫翻遍汽车杂志，想了又想，选了又选，货比三家后终于买到了心仪的车。但很快，欣洁就发现，选这辆车可真是太糟糕了！家里有两个孩子，还有两位老人，每次坐车出门都挤得难受，这辆车不仅空间狭小，而且价格也并不便宜。欣洁都想不明白，当初她和丈夫怎么就选择了这辆车呢？

很多人想必都有过这样的感受：回望自己的人生，好像无论大事小事，都充满了错误的选择。大到足以影响未来的事情，比如报考什么大学、从事什么职业、待在什么地方、选择谁做伴侣；小到生活中的琐事，比如去哪里吃饭、买哪款车、邀约谁去喝酒、如何度过假期。

明明每一次选择，我们都在心中不断权衡利弊，明明每一次的决定，都是深思熟虑后的结果。可奇怪的是，每次选完之后再去回望，

我们又能从中找到无数否定这一选择的理由。我们总是在出错，总是在选错，总是在后悔，这一切究竟是为什么呢？按统计学理论，应该有百分之十五的概率选到对的，可我们为什么总是选到错误的那一边？

从心理学的角度来说，有一个概念叫作自主心智，主要指人类在进化过程中本能习得的一些技能，比如看到危险会躲避，懂得文字识别，骑单车保持平衡等。因为拥有自主心智，所以很多时候，我们在做决策时，常常会流于最简单的直觉。

举个例子，当我们抛接硬币时，如果接连两次都显示是正面，那么在猜测第三次的结果时，我们就会下意识地认为，出现反面的概率会非常大。然而事实上，抛硬币本身就是一个随机的过程，无论正面还是反面，每一次的概率都是百分之五十。

当我们在做一些决策的时候，会下意识地被自主心智所影响，在非理性因素的作用下，做出不那么明智的决策，一定程度上拉升了错误率。

"情绪性决策"也是导致我们容易出现决策失误的原因之一。很多人在做出决定的时候，往往容易受到情绪的影响，继而做出不理智的决定，心理学上把这种情况称为"情绪性决策"。

可别小看情绪对人们的影响，很多时候，许多令人懊悔的决定，都是在情绪上头的时候做下的。在决策过程中，当人们在某个决定上存在正面或负面的情绪时，往往就会下意识地有所偏向，这种时候得到的决策方案显然是非理性因素居多的。正所谓"冲动是魔鬼"，在"魔鬼"的蛊惑下，人自然难免会走向深渊。

"乐观偏见"也是导致错误决策的原因之一。所谓乐观偏见，简单来说就是盲目地乐观，通常来说是人们下意识地认为积极的事件比消极的事件更容易发生在自己身上。这其实就是一种非理性、过于乐观的想法，正是因为有这种想法的存在，所以很多人会热衷于参加抽奖，或者购买彩票。

在做决策的时候，很多人会因为受到乐观偏见的影响，忽略有关事件风险的问题，把更多的注意力投向自己，认为自己会比别人更"幸运"或者更"有能力"去应对一些可能存在的风险，继而在这种侥幸心理的作用下，做出错误的选择。

此外，"后悔偏差"也是影响我们理智决策的因素之一。后悔偏差是心理学上的一个概念，指的是人们在做出决策时，容易过度强调可能出现的负面后果，导致最终做出的决策不一定是最优的。比如我们在买东西的时候，突然看到某款商品有一个力度较大的优惠活动，那么这时候，很多人就会开始考虑，如果不买会不会错过优惠，让自己吃亏。但问题是，如果这款商品不是那么符合自己的需求，那购买之后就会特别容易后悔。

心理学家研究发现，这种后悔偏差其实和人们当下的情绪有很大关系。比如在做决策时，如果情绪是不安、紧张或焦虑的，人们就很容易做出偏向保守的决策；而如果当时的情绪比较自信，那么就可能会下意识地忽略掉一些风险，做出比较冒进的决策。而无论是哪一种决策，后续情况发展如果无法达到我们的期待，那么我们就会生出后悔的情绪。

　　值得玩味的是，在很多时候，人们之所以会对自己的选择感到后悔，或者认为自己当初做出了错误的选择，往往是出于对现状的不满，或决策结果未能达到预期值。但问题是，即使当初做了其他的选择，得到的结果也未必就能比现在好。换言之，人们认为自己选错了，不代表这个选项就真的是错误的。

"通灵者"真的能读懂人心吗

前阵子，卓跃得到一个工作机会，是一线城市一家大公司发来的邀请。这让卓跃感到兴奋，又有一些犹豫，不知道自己到底是应该继续留在本地做熟悉的工作，还是放手一搏去一线城市闯荡闯荡。

就在卓跃犹豫不决的时候，一天下午，刚从超市采购完准备回家的他路过一家新开的占卜店铺，见店铺挂着"开业酬宾"的字样，便鬼使神差地走了进去，准备让这位"通灵者"占卜一番。

经过一番神秘玄妙的操作，那位"通灵者"看着卓跃说道："你这几年运势似乎不太好，伤财惹气小人多，诸多事情都不太顺利啊！"

卓跃一听，心里顿时打起鼓来："说得还挺准！那个空降来的经理不正是个小人吗？天天来找我麻烦，让我诸事不顺，我还真是招惹了小人了啊！"

正这么想着，又听那位"通灵者"继续说道："此去正是前途坎坷，艰辛不已啊，如果没有毅力，恐怕很难成功。"

这一下，卓跃更震惊了，心想："他这是算出来我要去一线城市打拼了？突然换一份新工作，人生地不熟的，可不是前途坎坷、艰辛不已吗？但听这意思，似乎只要坚持下去，就能成功啊！"

这么想着，卓跃彻底绷不住了，赶紧问道："那我到底是应该去，还是不应该去呢？"

那位神秘的"通灵者"微微一笑，淡定地说道："既然去意已决，又何须再问？"之后又神神道道地讲了一大通模棱两可的话，把卓跃唬得一愣一愣的。

最后，卓跃下定决心，接受了那家公司的邀请，并向身边的朋友们疯狂推荐这位"通灵师"，说他不仅灵验，还能洞察人心，着实是位厉害的高人。

如果你是个热衷于算命的人，那么这样玄妙的事情，或者说这样厉害的"高人"想必你也一定遇到过。那么，世界上真的存在能够读懂人心的"通灵者"吗？他们真的能够看穿你的过去与未来，洞察你的心事，看透你的灵魂吗？

其实，很多时候，我们之所以会觉得自己被"看透"，不是因为"通灵者"有什么特异功能，而是因为他们能够通过察言观色来摸透我们的心理活动，再抛出一些符合我们当下情绪的模棱两可的话，这种时候，不用对方再做什么，我们就会自己主动上套。

就像卓跃，他之所以会走进这家占卜铺子，很大一部分原因是当时的他正处于命运的分岔口，并且一直在犹豫究竟是应该向左还是向右。此时的他脸上的表情必然不是轻松惬意的，而一个二十多岁的小伙子，所烦恼的事情往往不是工作就是恋爱。

再看"通灵者"抛出的第一句话，他说卓跃"运势不太好"，而且"伤财惹气小人多"。要是运势好，一个人会这么浑浑噩噩地来占卜吗？显然是不太会的。再说，人生在世，不如意之事十之八九，既然运势不好，那不外乎就是伤财、与人置气、遭遇小人等问题。

此时的卓跃内心本就是彷徨迷惘的，再一听到这些话，不自觉就会往自己身上套，这一套就觉得：天哪！怎么这么准！

就这样，"通灵者"通过察言观色，抛出一些模棱两可的套话，就让人产生深信不疑的感觉，这种现象在心理学上称为巴纳姆效应。

巴纳姆效应是 1948 年由著名心理学家伯特伦·福勒通过实验观察得出的一种心理学现象，他发现，当人们用一些普通、广泛、含混不清的形容词去描述一个人时，这个人往往很容易接受这些描述，并主动往自己身上套，认为所描述的正是自己。这和一位著名的杂技师肖曼·巴纳姆在评价自己表演时所说的话不谋而合。巴纳姆是这样说的："我的表演之所以能够受到人们的欢迎，是因为节目中包含了每个人都喜欢的成分，每一分钟都有人上当受骗。"因此，福勒便以"巴纳姆"的名字来为这一实验结果命名，提出了"巴纳姆效应"这一概念。

人们之所以会产生这样的心理，是因为人性中的一大特质就是"人们只关心与自己相关的东西"。所以无论听到什么话，看到什么东西，人们下意识就会先往自己身上套，一旦发现与自己有相符的地方，就会下意识地认为，这就是在描述自己。

虽然我们总说，世界上不存在完全相同的两个人，每个人因为其不同的成长环境、文化背景、性格特质等，会形成不同的思维方式和行事特点。但总体来说，通常情况下，人无论在情感还是个性、三观等方面，也都是存在很多共性的。"通灵者"只要抓住这一共性，就能"洞察人心"，继而引发巴纳姆效应。

说到底，真正能读懂人心的，正是我们自己。当我们想要相信一个人或一件事的时候，我们总能搜集到各种各样的证据来支持自己。即使是毫不相干的事情，我们也总能做到逻辑自洽。

叫什么名字，真的会影响人生吗

前阵子，薛淼突然被领导提拔加入了一个项目组，让周围的同事都羡慕不已。要知道，这是公司下半年度最重要的项目之一，多少人抢破头想加入，就为能分上一杯羹。而薛淼才刚进公司不久，要资历没资历，要后台没后台，虽然个人工作能力还算不错，但会被选中加入项目组，也实在令人意想不到。

怀着满心的激动与忐忑，薛淼加入了项目组。由于工作努力认真，薛淼的表现非常不错，做完项目之后，就得到了领导的提拔，成为同期进入公司第一个得到升职机会的新人。后来薛淼才知道，原来自己当初加入项目组，竟然是公司老总亲自点名的，原因也让人有些哭笑不得。

原来，老总是个比较迷信的人，每次开新项目的时候，都会去找先生算一卦。当时，老总去算卦的时候，先生告诉他，水利他，有水项目就能一帆风顺。老总一琢磨，把公司员工们的履历拿来随手一翻，一眼就瞧见了薛淼——三个水！当然，除了看名字之外，老总也去了解了薛淼进入公司后的一系列表现，发现他确实是个认真上进的年轻人，本身工作能力也不弱，这才直接点名让他加入了项目组。

得知真相后的薛淼真是哭笑不得，他怎么也没想到，这个宝贵的机会居然是靠自己的名字争取来的。

都说名字会影响人的命运，在现实生活中，很多人对取名、改名这件事情都非常重视。比如很多父母会花费大价钱，请有名的算命先生给孩子取名；娱乐圈的很多明星也会为了获得更高的人气、更好的事业，找厉害的大师给自己取一个能带红事业的艺名等。

那么，叫什么名字，真的会影响人生吗？这究竟是玄学，还是科学？

关于这个问题，英国著名的心理学家理查德·怀特曼曾做过一项调查研究，并发现，姓氏首字母靠前的人，在学术成果、社会地位，甚至健康状况等方面的指数，似乎确实要比靠后的人高一些。

当然，这并不是什么玄妙力量的掌控。怀特曼教授解释道："人们总是习惯于把人名按照其首字母在字母表中的顺序进行排列，不管是在学校注册、期末考试还是求职面试中，都是如此。而我们很多时候总会下意识地认为，那些出现在名单顶部的名字，似乎都与'优秀'和'胜利'等词汇联系在一起。长此以往，这种下意识的认知也会对人的心理造成影响，从而影响到人们的生活。"

心理学上有一个概念叫作"罗森塔尔效应",也称"人际期望效应",是一种社会心理效应。这一效应是由美国心理学家罗森塔尔、雅各布森于 1968 年通过一项实验发现的。

当时,罗森塔尔和雅各布森到了一所小学,并从这所小学的一至六年级各选出 3 个班级,然后对这些班级的学生进行"未来发展趋势测验"。之后,罗森塔尔把一份"最有发展前途者"的名单交给了这所小学的校长和这些班级的老师,并叮嘱他们务必对此保密,以确保实验的可靠性。

事实上,罗森塔尔欺骗了校长和教师们,那个所谓的"未来发展趋势测验"并不存在,他只是随机地从这 18 个班级中挑选出了一些学生,写在那份名单上。但令人惊奇的是,8 个月后,当罗森塔尔和助手们再次对这些班级的学生进行复试时,竟发现那些被他随机挑选进入名单的学生,几乎每一个都有了惊人的进步,并且性格也变得开朗自信了许多。

罗森塔尔认为,这些学生身上的改变,是因为校长和教师们在受到"暗示"后,下意识地对这些名单上的学生抱有了更高的期望,并且在有意无意中通过态度、表情以及对学生的赞许、辅导等行为,将这种隐含的期待传达给了学生,而这些学生在接收到这一信号之后,也给出了积极的反馈。

而人的名字其实也有一种"心理暗示"作用,一方面能对自己进行暗示,另一方面会对他人产生暗示,继而影响对方对自己的整体认知。比如名字里有"嘉"的人,就会让人下意识觉得对方应该是个非常美好、幸福的人；而名字里有"静"的人，则让人有一种安静、优雅的感觉；名字里有"英"则会让人联想到英气、出众等。

当然，名字并不能真正改变或决定一个人的命运，就像薛淼。他之所以能被领导选中，参加到一个重要的项目之中，固然有姓名恰好符合老总需求的缘故，但更重要的还是因为他个人能力出众，工作认真，不会给项目拖后腿，所以最终才能入选。假如他是个混日子、偷奸耍滑的人，那么即使有名字的加持，恐怕也是很难入领导眼的，即使最终能加入项目组中，恐怕也无法得到什么好处，反而可能因为暴露自己的缺陷而被公司放弃。

所以，好的名字的确能够让你获得一些隐秘的好处，但它绝对不是决定命运的唯一因素。当然了，如果有条件的话，给自己或给孩子取一个好名字，还是大有好处的，至少能在某些关键的时候，给别人留下深刻印象，而这点印象分往往就可能成为决胜的关键。

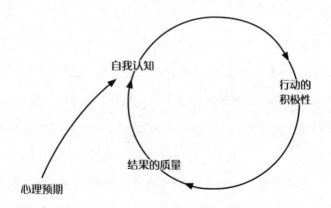

为什么很多人都相信星座测试

"我是巨蟹座，林楠是双鱼座，我们的星座很配啊，天生一对。可是我比较喜欢陈淮，但他是白羊座，我们的配对评分才 50，也太低了吧……"艾琳苦恼地看着手机上的星座测试，心中的天平在两个追求者之间左右摇摆。

"你知道有多离谱吗？我面试的时候，前面都非常顺利，最后对方问我生日是什么时候，当知道我是处女座之后，当场直接变脸，把我拒绝了，原因居然就是我是处女座。他们说处女座性格龟毛、偏执、较真、挑剔、完美主义……"秦然满脸愤怒地和朋友诉说着自己面试遭拒的经历。他怎么也没想到，自己遭遇的第一次职场歧视，居然是因为星座。

星座起源于四大文明古国之一的古巴比伦，人们将星座内的亮星连接起来，根据形状想象它们是某种动物或人物的形象，再结合神话故事给它们取一个适合的名称，星座就是这样出现的。

在我们身边，随处可见和星座有关的东西，比如根据十二星座元素设计出来的物品，杂志上随处可见的星座运势预测等。更重要的是，很多人对它都深信不疑，甚至还有人将星座预测的内容当作择偶的参考，或寻找合作伙伴的条件。

那么，为什么会有那么多人相信星座测试呢？它又是否真的那么准呢？

关于星座，你一定听过这样的说法：星座不是玄学，而是一门统计学。

因为这个说法，所以有一些笃信星座或者认为星座很准确的人，都认为自己相信星座，实际上是在相信科学，而非迷信。那么，星座的统计学逻辑基础是什么？真的靠谱吗？

举例来说，20 世纪美国人发现过一个统计结论，即在青少年时期，8 月出生的孩子似乎普遍比 9 月出生的孩子优秀。于是，根据这一统计结论，得出了狮子座的人比较优秀的结论。这就是星座统计学的一个逻辑基础。那么，这个推论靠谱吗？

答案当然是否定的。之所以会出现这一统计结论，主要原因是学校通常都是 9 月开学的，而因为入学年龄限制的问题，8 月出生的孩子普遍比 9 月出生的孩子早 11 个月享受到学校的教育。这样一对比，同年龄段 8 月出生的孩子自然就要更优秀一点儿了。

可见，星座与性格实际上是没有什么直接的因果关系的，但确实存在一些逻辑关系。简单来说，星座实际上就是一种助记符号，并不能通过星座推测未来。

这么说有人可能会不同意：明明星座很准的呀！你看，预测我性格的种种说法，全都对得上！

确实，很多人之所以会相信星座，有很大一部分原因，是在看自己对应的星座描述时，总会产生一种"说得好准啊，我就是这样的人"的感觉。但为什么会这样呢？这就不得不提到正例谬误效应了。

正例谬误效应指的是由于人们只关注与自己期望相符的信息而忽略其他信息，从而产生的知觉错误。众所周知，人的性格是非常复杂，甚至充满矛盾的。一个内向安静的人，也会有活泼开朗的时候；一个乐天派，也可能出现情绪崩溃的时刻；一个无比挑剔的人，也难免有时会表现得比较随性。

于是，在看到相关的星座描述时，人们会下意识地去回忆与自己相关的部分。比如作为处女座的你看到星座描述说"处女座的人都非常挑剔"，你就会下意识地去想：我是一个挑剔的人吗？然后下意识地从自己的回忆中疯狂寻找关于自己"挑剔"的证据。就这样，相关的事情源源不断地浮现于脑海，但那些证明你很随性的记忆则会被下意识地忽略。最终的结果就是，你发现：啊，我好像真的是个很挑剔的人，我做了那么多挑剔的事——星座真准啊！

对于未来，很多人都是充满迷茫和好奇的，不知道未来会发生什么样的事情，好奇自己的未来是什么样子。而当越来越多的人相信星座时，就会下意识地将对未来的期望与好奇寄托在星座上。

等到越来越多的人开始讨论星座、研究星座、相信星座的时候，你会发现，星座成了一种流行的谈资。不想被排挤出朋友圈的话，你就必须掌握这种谈资，参与相关的讨论。

更有趣的事情是，在心理学上，有一种"自我实现预言"的现象，即当别人或自己对自己产生了某种期待，并相信这种期待能够成为现实的时候，人们会下意识地朝这种期待的方向靠拢，从而将其变成现实。于是，这种下意识的举动又一次验证了星座的"准确性"，是不是很有意思呢？

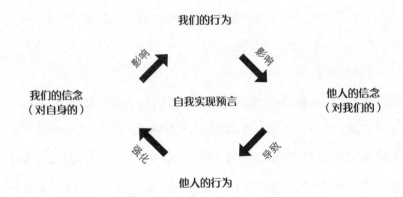

音乐能让情绪走向极端

有这样一则故事，某天，一位英国军官在家，随手拿起一张新发行的音乐唱片播放起来。悲伤而绝望的旋律缓缓响起，军官听得精神恍惚起来，仿佛一切悲伤痛苦的往事都涌上心头。音乐播放完毕，军官却久久回不了神，掏出一把手枪对准自己，扣动了扳机。而这首乐曲正是著名的《黑色星期天》。

比利时的一家餐厅里，人们正一边享用美食，一边欣赏音乐演奏。这时，忽然有客人提议，让乐队演奏一曲《黑色星期天》。伴随音乐响起，悲伤和压抑的气氛顿时笼罩了整个餐厅。乐曲还没演奏完，一名匈牙利青年忽然痛苦地喊了一声："我受不了了！"然后像疯了一般，掏出手枪自尽了。

音乐怎么可能杀人呢？当地的一位女警官显然并不相信这一点，于是对这一案件展开了调查。为了收集线索，她也购买了一张《黑色星期天》的唱片。可没想到的是，在听完这首乐曲之后，她也自杀了，并留下一段遗言："不需要再继续调查，凶手就是《黑色星期天》，这首乐曲实在是太悲伤绝望了，听过之后，我决定离开人世。"

关于《黑色星期天》的传说还有很多，有人称它是"魔鬼的情书"，因为这首乐曲充满了神秘又恐怖的诱惑，诱惑人们走向死神的拥抱。据资料记载，这首乐曲曾席卷整个欧洲大陆，蛊惑了一百多个人走向死亡。欧洲各国都严禁在公共场所播放这首乐曲，匈牙利更是把它列作禁曲，并查封销毁了所有与之相关的资料。

音乐真的有这样神奇的魔力，可以让人的情绪走向极端，甚至做出这样疯狂的事情吗？

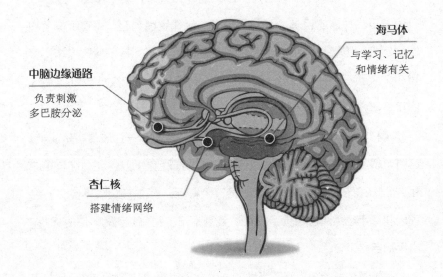

中脑边缘通路
负责刺激
多巴胺分泌

海马体
与学习、记忆
和情绪有关

杏仁核
搭建情绪网络

2014 年发表于《自然》的一项研究表明，音乐对人的情绪的确会产生影响。愉悦的音乐能够点亮中脑边缘通路、杏仁核和海马体。

此外，喜欢不同类型音乐的人或家庭，也都有各自的特点，比如喜欢古典音乐的人或家庭，与周围人的关系都比较和睦；喜欢浪漫派音乐的人性格通常比较开朗；而喜欢现代派音乐的人或家庭，则常常会和身边的人发生争执。

可见，音乐对人确实是存在一定影响的。还有人曾用 290 种名曲来对两万人进行测试，结果发现，每个人在听到这些音乐时，情绪都会产生变化，但变化的程度却是不同的。简单来说，对音乐欣赏能力越高的人，就越是容易被音乐影响情绪。但这些音乐也只是能够引起一些抽象的情绪，比如悲伤、快乐、愤怒、嫉妒等。

从生理角度来看，音乐对人体的自主神经系统会产生刺激作用，从而调节人体的心跳、呼吸频率、神经传导、血压以及内分泌。比如轻柔的音乐会让人脑中的血液循环减慢；活泼的音乐会让人体的血液流速加快；高音或快节奏的音乐会让人体肌肉紧张；低音或慢节奏的音乐会让人体感到放松。

而从心理角度看，音乐会刺激大脑主管人类情绪和感觉的部分，继而产生自主反应，让情绪发生变化。比如倾听平静或快乐的音乐时，能够让人的焦虑感有所减轻。

美国俄亥俄州立大学曾对 33 名参加心功能恢复训练的患者进行过观察和研究，这些患者都接受过一些疏通堵塞心血管方面的手术治疗，比如搭桥手术。研究人员在部分患者进行脚踏车训练时，给他们播放一些音乐，然后再对其进行口头能力测试。结果发现，那些一边听音乐一边运动的患者，成绩比单纯只做运动不听音乐的患者高出了两倍。

研究人员认为，运动能够让人的神经系统产生积极的改变，从而对认知能力产生影响。而听音乐则能够通过人脑中的不同神经传导通路来对认知功能产生影响。二者结合在一起，不仅能够刺激和提高认知能力，而且还能协助大脑在接收信息后组织其认知输出。

总的来说，音乐对人的情绪是存在一定程度的影响的，对人体的调节也有着积极的作用，而一些舒缓的音乐甚至能够在某种程度上加强人们对某一事物的记忆，或是在治疗过程中帮助人们减轻痛苦。

但相应地，既然健康的音乐能够带给人们积极的影响，那么那些不健康的音乐自然也会带给人们不少负面的影响。比如很多音调低沉、趣味庸俗的音乐，就会很容易腐蚀人们的精神生活，甚至导致精神混乱。比如臭名昭著的《黑色星期天》，正是通过刺激人们的负面情绪，让人陷入消极情绪不能自拔，甚至结束自己的生命。所以，听音乐的时候，要选择有益的音乐去欣赏，尤其是在情绪消极的时候，千万不要让不健康的音乐将你的情绪推向另一个可怕的极端。

为什么我们总是"左耳进，右耳出"

台上的演讲精彩纷呈，演讲者说得唾沫横飞，你在台下听得神清气爽。等演讲结束之后，你兴致勃勃地想把这场精彩的演讲向朋友复述一遍，却发现那些让你忍俊不禁的台词怎么都无法从脑海中回忆起来，就仿佛那些台词才刚从你的左耳进去，就又从右耳出去了。

真奇怪，为什么我们总是"左耳进，右耳出"？是记性实在太差，还是一不小心开了小差，以至于没把这些事情听到脑里去？

美国科学家曾做过这样一项实验：让一组学生分别两次聆听汽车喇叭发出的声音，然后判断它们是否相同。这个过程反复重复了多次，每一次汽车喇叭声的间隔时间都会逐渐增大；然后又让这组学生反复观看两组图像，同样每一次观看的间隔时间都会逐渐增大；接着再让这些学生用手去反复紧握一根以不同频率进行振动的长棍。

听觉记忆确实靠不住，关键时刻还是要践行老话"好记性不如烂笔头"。

根据研究人员记录下的数据，科学家发现，在这三次实验中，在极短时间内，学生通过听觉、视觉和触觉等方式获得的记忆力没有太大差距，但是仅仅在 4 到 8 秒这一区间里，听觉记忆的准确性就明显要比视觉记忆和触觉记忆低得多。时间越长，这一点就表现得越明显。

很显然，相比视觉记忆和触觉记忆，人们的听觉记忆似乎真的要差一些。这也就可以解释为什么很多时候，如果不把听到的东西写一遍，或者对照文字阅读一遍，我们很快就会忘得一干二净。

艾奥瓦大学的研究人员埃米·波伦巴博士利用更加接近日常生活的情景又做了另外一项实验。在实验过程中，他让学生观看了一场无声的篮球比赛视频，并在学生观看比赛视频的时候，捡起一些物品，比如咖啡杯，以及其他一些不算常见的物品。而且这个过程中，他还播放了犬吠的声音。

结果发现，学生们能够轻松回忆起无声的视频内容，以及研究人员捡起的咖啡杯和其他物品，但在整个过程中，他们却几乎是直接忽略了犬吠的声音。

波伦巴博士认为，从这些实验结果可以推论，大脑在处理和储存听觉记忆时的方式或许和处理及储存其他类型记忆的方式是不同的。在波伦巴博士看来，大脑中处理记忆的各个区域应该是一个相互融合的整体，但处理信息的路径或许是彼此分隔的。

此外，科学家通过对我们大脑的研究还发现，在大脑中，有三个负责理解口头语言的区域，即听皮质，负责处理听到的声音；韦尼克区，负责理解听到的声音；左侧额下回，负责屏蔽或阻止一些声音，只让其中的部分声音进入大脑。

　　举例来说，当我们一边看电视，一边听广播的时候，两种声音同时在耳旁响起，我们的注意力只能在这两种声音之间不断切换，而不可能同时关注和处理这两个声音信息。所以，很多时候，我们之所以会出现"左耳进，右耳出"的情况，除了声音记忆属于"弱项"之外，还有可能是在当时，我们的大脑根本就没能把那些声音信息听进大脑里。

Part **5**

·
◇
●

麻辣男女之间
的两性心理学

人际交往中的博弈无处不在，男女之间的交往同样逃不过博弈的命运。想让对方爱自己还是顺从自己？你的动机是控制欲还是爱情？心理学可以帮你找到真正的自己和真正的爱情。

男人"开屏"时，是爱还是骗

前些日子，卢静和男友强尼大吵了一架，两人不欢而散。卢静心里非常矛盾，拿不定主意到底要不要和强尼分手。

事情还要从卢静和强尼的认识开始说起。强尼是卢静闺密男友的同学，两人是在参加闺密生日会的时候认识的。强尼对卢静一见钟情，之后就展开了热烈的追求。为了赢得卢静的芳心，强尼可谓是使尽浑身解数，不仅对卢静关怀备至，还时时刻刻找机会向卢静彰显自己的优秀。

强尼向卢静透露过，自己家是做餐饮行业的，父亲一直希望他能子承父业，但他还是想靠自己的力量闯一闯。在强尼的描述中，他是个有理想有抱负的年轻人，从小接受精英教育，不仅会多国语言，还会多种乐器，性格上有些要强和叛逆，家里有家业等他继承。

卢静对强尼一开始的印象就不错，后来在接触中又发现他原来这么优秀，很快就喜欢上了强尼，两人顺理成章地在一起了。可让卢静万万没想到的是，在一起之后，她才发现，强尼对她说的一切都是谎言。所谓的他家从事餐饮行业，实际上就是经营着一个卖炸串小吃的铺子，这就是他要继承的"家业"；而所谓的会多国语言，其实也都只停留在说句"你好""谢谢""再见"的水平；就连所谓的被领导重视、个人能力优秀等措辞，也都是他的夸夸其谈。

卢静觉得很伤心，她并不介意强尼是不是富二代，或者是不是真的那么才华横溢，但强尼对她的欺骗让她感到非常失望。一个男人，面对自己时连最基本的坦诚都做不到，还让人怎么相信他呢？

强尼也向卢静道了歉，并一直希望能挽回这段感情。强尼解释说，自己之所以这样夸夸其谈，并不是想要欺骗卢静，只是希望把自己说得更好、更优秀一些，让卢静喜欢这样的自己。

其实，在面对异性的时候，无论男性还是女性，都会下意识地想要在对方面前展现自己最好的一面，这是非常正常的一种心理诉求。

心理学上有一个概念叫"异性效应"，指的是在有两性共同参与的活动中，参与者往往会比在只有同性参与的活动中要感到愉悦，并且在做事情时也会表现得更有干劲儿、更出色。换言之，就是男女搭配，干活不累。

这其实并不奇怪，求偶是动物的一种本能。在大自然中，动物为了求偶，会使出浑身解数，有靠秀武力值来求偶的，也有靠展现自己的美丽来求偶的，还有靠建房子的技术来求偶的。人其实也一样，在面对异性，尤其是自己喜欢的异性时，总会下意识地"开屏"来展现自己的优秀，以期达到吸引配偶的目的。

因为想要赢得爱情而让自己变得优秀是值得提倡的，但像强尼这样，求偶基本靠"骗"，那就需要自我反省了。无论有什么样的理由，欺骗都是不可取的。而且，靠欺骗而赢得的爱情，在真相大白的时候，又该靠什么来维持呢？

当然，需要注意的是，在爱情的道路上，不乏一些别有目的的骗子，他们用充满魅力的人设和打动人心的"深情"，来快速获取异性的芳心，并在达成目的之后一走了之，给对方留下一堆烂摊子和抹不去的伤害。

那么，面对这样的人，我们又该如何来识破他的"真心"呢？

关键一　更多的"自我展露"

美国社会心理学家阿特曼曾用"渗透理论"解释过"自我展露"在发展恋爱等亲密关系上的重要作用。当你爱上一个人时，会在拼命了解对方的同时，也忍不住向对方展露与你自己有关的信息与感受。通常来说，沟通的话题都是由浅入深的，所展露的个人相关信息也会越来越多。

因此，如果你发现对你"开屏"的男人其实对你的信息毫无兴趣，或吝啬于向你展露他自己的个人信息，又或者始终只停留在"开屏"的阶段，那么很抱歉，他或许对你并没有多少真心的喜欢。

关键二 "爱情三元论"

斯腾伯格在"爱情三元论"中指出，完美的爱情应该具备三个元素，即亲密、激情、承诺。当你真正爱上一个人时，你会情不自禁地产生一种独占欲，想要和对方过一辈子，并给出承诺来守护这份感情。因此，如果一个人迟迟不肯给你承诺，那么你就要考虑是不是该对你们的感情打个问号了。

关键三 "恋人参照效应"

当你喜欢上一个人时，无论做什么，都会不自觉地联想到对方。在心理学上，这种现象被称为"恋人参照效应"，指的是当你喜欢一个人时，会在潜意识中将对方当成自己的一部分，因此无论遇到了什么事情，都会联想到对方。

所以，如果你发现对方并不会时刻惦记你，或者很容易忽略你，那么只能说明你在他心中大概没什么地位了。

为什么得不到的总是最好的

　　曼玲和男友于泽在一起八年了，已经到了谈婚论嫁的地步，就在所有人都准备着迎接他们的婚礼时，却等来了他们分手的消息。

　　于泽有个初恋女友叫琪琪，两人是高中同学，谈过一段青涩的校园恋爱。后来，琪琪在高中毕业后就出国了，两人的感情自然也遗憾收场。之后，于泽在上大学时认识了曼玲，两人一直恋爱至今。

　　对于琪琪的存在，曼玲是知情的，于泽也曾和她提起过这段遗憾的初恋。起初曼玲并不在意，谁还没有段过去呢？这是很正常的事情。然而，让曼玲没想到的是，这段初恋，或者说琪琪这个人，在于泽心里会占据这么重要的位置。

　　事情还要从一年前说起。一年前，于泽带曼玲一起去参加同学聚会，令人惊讶的是，琪琪居然出现了，并且打算回国定居。就这样，于泽和琪琪又联系上了。

虽然琪琪是于泽的初恋情人，但这段感情都过去这么久了，而且不过就是青春时期少男少女的萌动，要说有多么至死不渝，那也是不可能的。因此，曼玲并没有把这件事情放在心上。可没想到的是，从这一刻开始，琪琪渗透进了她和于泽的生活，成了她心中挥之不去的阴影。

当于泽一次次因为接到琪琪的电话，为了去帮她处理各种鸡毛蒜皮的小事，而把曼玲丢下时，曼玲才终于意识到，琪琪在于泽心中的地位有多么重要。虽然于泽总是说，自己只是去帮朋友忙，和琪琪不可能再有感情发展，但一次次的失望还是击垮了曼玲。终于，在于泽又一次接到琪琪的电话，赶着过去帮她修水管时，曼玲收拾行李离开了和于泽一起住的地方，结束了两人八年的感情。

曼玲始终想不明白的是，她和于泽在一起八年的感情，难道还比不过一段早已成为过去的初恋吗？还是说真的就像人们说的那样，得不到的才是最好的？

很多人应该都听过这样一句话：人世间最珍贵的东西是"得不到"和"已失去"。

且不论这种说法到底是对是错，但不得不说，在现实生活中，那些"得不到"的东西确实挺让人牵肠挂肚的。但有趣的是，很多牵肠挂肚的"得不到"，在变成"得到"之后，反而可能就此失去原本的魅力，变得不再吸引人了。就仿佛那些让人牵肠挂肚，觉得最好的东西，实际上只是"得不到"本身罢了。

很多人会把得不到的东西想象得非常完美，但等你真正得到的时候，这种欲罢不能的感觉就会迅速退去。

瑞士著名的心理学家布洛曾提出过一个概念——"心理距离说"，他认为审美是需要适当的心理距离的。像那些你已经拥有的东西，长时间下来就会产生心理适应现象，越是熟悉就越是习以为常，感觉不到对方的优点和魅力。而对于那些你没有得到，若即若离的东西，因为心理上存在着一定的距离，反而更容易让你感受到它的魅力和吸引力。

此外，蔡加尼克效应也是大多数人都存在的一种心理效应。这是心理学家蔡加尼克在做一个记忆实验时发现的现象。当时，蔡加尼克准备了十几个难易程度差不多的任务，让志愿者们去做，而他则会在他们做到一半时故意打断他们，然后安排他们去做另外的任务。最后，蔡加尼克让这些志愿者回忆他们所做的任务，结果发现，有68%的人能够清楚记得那个被打断的任务，而只有32%的人能记得完成的任务。

很显然，相比那些已经完成的事情，人们对自己未能完成的事情更为在意，这一现象后来被人们称为"蔡加尼克效应"。而这也很好地诠释了为什么在现实生活中会有那么多人觉得那些没有得到的东西才是最美好的。

女人"作闹"的心理动机是什么

结婚之前，方宇一直觉得，女友刘颖是个温柔大方、善良体贴的女孩，也一直相信，自己和刘颖一定能够组成一个幸福的家庭。但在结婚之后，方宇却发现，一切都变了，那个温柔体贴的女友不知什么时候，已经完全变成了另外一个人。

方宇和刘颖是大学同学，两人一毕业就步入婚姻殿堂，实现了从校服到婚纱的跨越，让身边无数的人都羡慕不已。婚后，方宇选择创业，刘颖则因为意外怀孕而暂时留在家里，成为一名全职太太。

创业之初，方宇身上的担子非常重，什么业务都得自己去跑，常常一连几天不回家。有一次，刘颖半夜起来喝水，不小心摔了一跤，打方宇的电话也联系不上，最后得亏邻居把她送去了医院。这件事一直让方宇感到非常自责。

后来，两人的争吵越来越多，刘颖也变得越来越容易生气，有时是因为路上堵车方宇回家晚了，有时是因为方宇在思考事情没回应刘颖说的话。总而言之，哪怕一点点不顺心，都能让刘颖大发脾气，揪着方宇吵闹不休。

对于妻子，方宇心里是有亏欠的，但他越是忍让，妻子就越是暴躁。他越来越不爱回家，越来越逃避和妻子待在一个空间。但越是这样，刘颖就闹得越厉害，有一次甚至差点把方宇的护照剪了，就为了阻止他去国外出差。

这样的日子让方宇感到很痛苦，也很迷茫，"离婚"这两个字反复出现在他的脑海中。他不知道自己还能忍刘颖多久，也不知道为什么温柔体贴的妻子会突然变得面目全非。

其实，在现实生活中，无论是处于恋爱还是婚姻中，男人们都遇到过类似的问题，那就是女人的"作闹"。明明只是鸡毛蒜皮的小事，但女人一"作闹"，就将小事无限放大了，可以从你晚回家几分钟，放大到你的道德人品有问题，简直令人苦不堪言。

从心理学角度来说，女人之所以在婚恋中会出现"作闹"的情况，通常有三种缘由：第一种是缺乏安全感，感觉自己无法掌控男人，所以需要通过不断地"作闹"来验证，并做出判断，丈夫究竟可不可信；第二种是潜意识里认为自己的条件比男人好，感觉对方配不上自己，需要通过不断地"作闹"来从对方身上榨取价值，以弥补内心的不平衡；第三种则是情绪失控。

第一种缘由　缺乏安全感

　　缺乏安全感的女人总是会不由自主地"作"，目的就是证明男人对自己的爱。刘颖其实就是非常典型的缺乏安全感，在和方宇结婚后，突然怀孕导致她不得不暂时放下进入职场的打算，成为一名全职太太。而与此同时，方宇因为选择创业而陷入忙碌，下意识就忽略了家庭。在这样的情况下，原本就因为怀孕受到激素水平影响，情绪又比较敏感的刘颖很容易就因为缺乏安全感而陷入焦虑。于是，她开始各种"作闹"，目的其实很简单，只是从方宇一次次的退让和安抚中证明爱的存在。

第二种缘由　嫌弃对方，认为对方配不上自己

　　有的时候，女人在选择伴侣时，未必是出于完全自愿的，可能是退而求其次的选择。比如这个男人身上具备的某些特质是她欣赏的、想要的，但与此同时，他身上又有着一些让人不太能够接受的短板，比如长得丑、身高矮、家里穷等。每当想到这些短板的存在，她心里就会觉得不平衡，于是就会下意识地"作闹"，非要找点事情折腾一番，来弥补内心的不平衡。

　　当然，即使是退而求其次的选择，也不意味着这个女人就不爱这个男人。有趣的是，即使这个女人本身再爱这个男人，内心的不平衡感

也是始终存在的，因此她会不停地"作闹"，直到对方受不了为止。

第三种缘由　情绪失控

这是每个人都可能存在的问题，尤其是女性。通常来说，女性往往比男性更敏感，情绪起伏也更大，一个小小的诱因就可能引动女性敏感的情绪，让其陷入焦躁和失控。比如一位女性朋友就分享过自己的一个故事：那是非常平常的一天，她刚到公司，就看到平时和她不对付的一个女同事正在炫耀男友向她求婚送的钻戒，她的火气顿时就上来了，心里不由自主地涌上许多念头：凭什么这人样样不如自己，却能找到一个多金的男友？凭什么这人虚伪又讨厌，却能过得比自己好？……于是，回到家之后，看到老公正躺在沙发上打游戏，她的情绪一下就失控了……

一切其实都是有迹可循的，只是很多时候，男人并不能清晰地了解女人的心路历程和情绪诱因，所以看到对方总是突然之间就发火了，只会觉得莫名其妙。

为什么女人更喜欢霸道的男人呢

何伟的"女神"陆洁今天结婚了，但新郎却不是他。看着陆洁挽着另一个男人的手步入婚姻的殿堂，何伟也只能自嘲地笑笑，叹一句："真应了那句'舔狗，舔狗，舔到最后一无所有'。"

何伟和陆洁是在大学时的老乡会认识的，那时候何伟已经大四了，陆洁才刚大一，因为是老乡的关系，何伟对陆洁也就多了几分照顾。后来，何伟毕业后顺利进入当地一家大公司工作，巧合的是，三年后，陆洁也进入了同一家公司，两人再度重逢。或许是这份特别的缘分触动了何伟的心，自那之后，他就对陆洁多了几分关注，并在不久之后对陆洁展开了追求。

何伟记得，有一次大家在闲聊时，有人问过陆洁，喜欢什么样的男生，当时陆洁回答："喜欢对我好的，会照顾我的。"何伟把这个答案深深记在了心里。之后何伟也的确是这么做的，无微不至地关心着陆洁，对她嘘寒问暖，但又始终保持着让人舒服的距离。

然而，何伟的温柔和付出还没打动陆洁，她的身边就已经出现了另一个男人。相比何伟的温柔体贴、礼貌克制，这个男人显然要霸道得多，反而是陆洁常常对他让步。可偏偏就是这样一个男人，很快就赢得了陆洁的芳心。

何伟真是不明白，自己究竟哪里不如他了，明明是自己先认识陆洁，明明自己为陆洁付出这么多，可为什么到最后，陆洁选择的人却是他？

如果你喜欢看爱情类的故事或电视剧，一定听过这样一句话："男主是女主的，男二是大家的。"因为在爱情的故事中，对女主角最好的，为她付出最多的，永远不是男主角，而是在背后默默付出的男二号。但在故事中，女主角爱上的却永远都是那个霸道的男主角，而不是任她予取予求的温柔男二号。

在现实生活中其实也是这样，即便无数女人嘴上说着自己喜欢温柔的暖男，喜欢对自己好的男生，但实际上，真正能赢得她们芳心的，还是那些总能把她们气个够呛，从不会对她们百依百顺的霸道男人。这究竟是为什么呢？女人为什么更喜欢霸道的男人？

从心理学的角度来说，女性在择偶方面天生就存在慕强心理，而霸道其实就是一种展现力量的方式。当然，这并不是说优秀和强大的男人就一定是霸道的，或者温柔体贴的男人就不够优秀和强大。关键还是在于，不同行为和态度带给人的直观感受不同。简单来说，当你表现得百依百顺、姿态卑微时，你展现出来的其实就是一个弱者的形象；而如果你表现得强势霸道，那么且不论你自身条件如何，所展现出来的样子就是一种强者的形象。

而且，人的感情其实是非常神奇的，轻易就能得到的东西，哪怕再好，久而久之，也会变得理所当然。而那些越是难以得到的东西，反而就越是具有挑战性和吸引力，越是让人想要追逐。这一点在男女感情中体现得尤其明显，举个例子，当一个女人需要陪伴时，她同时发送信息给 A 男和 B 男，希望他们能来到自己身边。A 男立刻就赶来了，让女人得到了陪伴和安慰。那么，此时的女人会想什么？答案其实很明确，女人当然不会想 A 男有多么善解人意，而是会不停地纠结：为什么 B 男没有来？是有什么事情耽搁了吗？还是因为他已经有了新的追逐对象？

看，轻易得到的东西，就是这么容易让人觉得理所当然，既然理所当然了，那又怎么会费心去争取、去琢磨呢？

此外，在感情中，还涉及一个"沉没成本"的问题。你投入得越多，就越舍不得离开，舍不得放手，因为只要离开或者放手，那么所有投入的成本都会化为泡影，这是一个十分可怕的死循环。而在一段感情里，对你百依百顺的那个人，恰恰是你最不需要投入成本去留住的；真正让你投入大量成本的，都是那些你无法掌控，甚至常常"忤逆"你的人。

所以我们看到，那些一味对女人好，无条件付出的男人，最后都成了备胎，而那些嘴上说着要找一个对自己好的男人的女人，都在追逐"渣男"的路上一黑到底。

爱情的本质其实就是一种价值交换，只有双方势均力敌，保证"交易公平"，这场情感交换才能长久地持续下去。如果只有单方面的付出，而没有相应的回馈，那么爱情恐怕很难有开花结果的一天。

我们为什么会一见钟情

有人说，一见钟情就是见色起意，不过是被对方的外表迷住了。

对于这种说法，尤娜可不认同，毕竟她当初对男友就是一见钟情的，而朋友们都说她和男友在一起，那就是"美女与野兽"。她一个"美女"对"野兽"一见钟情了，这算哪门子的见色起意呀！

付明却是很赞同这句话的，当初他之所以会疯狂追求前女友贝蕾，就是因为在大学艺术节表演时往台上多看了一眼，结果就对漂亮的贝蕾一见钟情了。那时候，贝蕾担任主持人，穿着一条白色晚礼服，在朦胧的灯光下，美得像公主一般，瞬间就击中了付明的心。可后来，等付明费尽心思追求到她，两个人在一起之后，付明才发现，贝蕾和他想象中的其实完全不一样。两个人的性格大相径庭，凑在一起不是吵架就是在准备吵架的路上。最终，这段恋情持续不到三个月，就直接告吹了。

一见钟情必然是基于颜值的，这点毋庸置疑。毕竟第一眼见到一个人，我们唯一能看到的，也只有外在的东西，不可能一眼就看透对方的灵魂或想法，了解对方是个什么样的人。所以，能够发生一见钟情的事情，起决定性作用的，必然是对方的颜值。但如果笼统地说这是"见色起意"，那就不是很准确了。就像尤娜，她对男友是一见钟情，但男友的外貌显然并不属于特别出色、能够让人"见色起意"的那种。

那么，一见钟情到底是怎么发生的呢？我们又为什么会对一个完全不了解的陌生人一见钟情呢？

关键一　似曾相识

虽然说一见钟情是基于颜值的，但能让你一见钟情的对象，却并不一定是人群中颜值最高的那一个。心理学上有个概念叫"吸引力法则"，而构成吸引力法则的重要因素之一就是相似性。简单来说，能够让你产生好感，甚至一见钟情的人，往往就是那个与你最相似，或者你感觉最似曾相识的人。

在生活中，如果注意观察，我们会发现，很多夫妻的长相都是有不少相似之处的，人们称其为"夫妻相"。很多人认为，夫妻之所以会有"夫妻相"，是在一起生活，相互影响所致。但实际上，这层因果关系恰恰反过来了，很多夫妻之所以会有"夫妻相"，是因为他们在选择伴侣的时候，总会下意识地被与自己有相似之处的人吸引。

关键二　吊桥效应

心理学上有个概念叫"吊桥效应"，指的是当一个人提心吊胆地过吊桥时，会自然出现心跳加快的反应。这个时候，如果碰巧遇到另一个人，那么这个人就很可能会下意识地把这种情境下的心跳加快理解为对这个人的怦然心动，从而滋生爱情的情愫。

因此，如果你正处于某个比较紧张的环境中，周围又恰好出现一个条件不错的异性时，那么你就很容易产生怦然心动的"错觉"，从而对对方产生一见钟情的感觉。此外，很多时候，在某些特殊状态下，人们的大脑受到环境和当下情况的影响，会分泌大量的多巴胺，在多巴胺的刺激下，人们会产生一种幸福感，从而更加迷恋眼前的对象。

关键三　认知图式理论

无论男性还是女性，都会对未来的伴侣有一个理想的臆测。这种臆测未必是非常具体的，但必然会存在一些突出的特征，而这些特征就像数据一样，会存储在我们的大脑之中，心理学家将其称为"爱之图"。这张"爱之图"会随着我们接收到的各种信息而不断修正和补充，当有一天，我们在生活中遇到某个人，对方身上碰巧又具备我们脑海中储存的"爱之图"的某些特征时，我们自然而然就会对他产生一见钟情的感觉了。

关键四 晕轮效应

晕轮效应也称光环效应，是美国心理学家爱德华·桑代克在 20 世纪 20 年代提出的一个心理学概念，指的是当我们对一个人的某种特征形成印象后，就会下意识地根据这一特征去推论这个人的其他方面。

就像付明，他在一个非常特殊的情况下见到了贝蕾，并被她展现出来的美丽所打动，在这种情况下，他受到晕轮效应的影响，会下意识地把对贝蕾的好印象延伸到方方面面，把自己对贝蕾的臆想当作真实，从而产生一见钟情的感觉，或者说错觉。于是，一旦跳出假想之外，发现对方真实的样子并不符合自己的臆想，那么爱情的错觉自然也就随之消失了。

婚礼能让婚姻更幸福吗

一提起结婚，婷婷和小刚就满腹惆怅。婷婷是医生，小刚是警察，两人工作都特别忙，尤其是赶上冬季流行病肆虐时，更是经常忙得脚不沾地。原本两人都已经商量好了，就简简单单领个证，两家人吃个饭，婚礼就不办了，反正结婚嘛，不就是两人一块过日子，重要的还是往后的日子。结果，两人才把这话给家里一说，就遭到双方父母的强烈反对，说什么都得让小两口把婚礼给办了。

虽然嫌麻烦，但婷婷和小刚不想因为这种事情惹父母不高兴，见两边老人都对婚礼特别看重，也就只好点头答应了。这下好了，一点头，各种烦琐的事情接踵而至，今天试婚纱，明天订酒席，后天还得写请柬，一忙就是一个多月。

原本婷婷以为，对于婚礼这件事，她并没有很在意，主要也是为了哄老人家开心才办的，但穿上婚纱，走上红毯的那一刻，婷婷心中却涌起了一种十分奇特的感觉。当她一步一步走向小刚，当《婚礼进行曲》响起，当他们在无数亲朋好友面前许下诺言，那一刻，婷婷的眼泪顿时就忍不住了。似乎直到那一刻，她才终于在仪式感中清晰地意识到，她结婚了，眼前这个男人将与她共度一生。

婚礼对于婚姻来说，重要吗？

比较感性的人看到这个问题，想必一定会给出肯定的回答。毕竟结婚是人生大事，怎么能不举办婚礼呢？尤其是对于许多感性的女性来说，穿上圣洁的婚纱可以说是她们对爱情最完美的憧憬，如果少了这个环节，那人生得有多遗憾啊！

而一些比较理性的人或许会给出不一样的回答，毕竟婚姻是一个长久的过程，而婚礼也就是几个小时的事情而已。婚礼筹备得再好，对婚姻也并没有什么帮助，脱下婚纱，日子照旧是柴米油盐。

但你或许不知道，在 2007 和 2008 年，弗吉尼亚大学的研究人员针对 1294 对未婚但有伴侣的志愿者展开了一次长达 5 年的跟踪调查，记录下他们的恋情经历、伴侣数量、婚姻决定以及婚礼布置等多方面的内容。

在这次调查中，研究人员发现，他们的调查对象里，有 32% 的志愿者在这五年里选择了步入婚姻，其中 89% 的人选择正式举办一场婚礼。之后，研究人员继续对这些选择结婚的志愿者进行幸福指数测试，结果发现：相比那些没有选择举办正式婚礼的夫妻来说，选择举办正式婚礼的夫妻，拥有高幸福指数的比例高出了 13%。

在做这项调查的过程中，研究人员将同等家庭收入和同等教育程度等因素都考虑在内了，并将其作为控制变量，得出以上结果。也就是说，在家庭收入和受教育程度基本相似的情况下，举办过婚礼的夫妻幸福指数很可能比那些没举办过婚礼的夫妻要高。

这是为什么呢？婚礼真的能让婚姻变得更幸福吗？

婚礼其实就是一种仪式感的体现。在心理学中，仪式感被定义为对特定行为或事件的尊重与认可，这种行为或事件可以是简单的日常习惯，也可以是更为复杂的宗教仪式或社交活动。

婚姻和恋爱是不同的，恋爱只要有爱就能恋，但选择婚姻则意味着背负了更多的责任。而想要经营和维持好一段婚姻，除了有爱之外，还需要付出更多的坚持和忠诚。举办婚礼是一件仪式感十足的事情，正式举办这样一个仪式，并在这样的场合下，郑重公开地宣布关于婚姻的明确决定和承诺，从心理学的角度来说，会更有助于增强承诺的有效性。而且，婚礼的仪式感也会让情侣双方对婚姻的选择更加谨慎，让彼此更为明确地意识到伴随婚姻而来的责任。

《影响力》一书就提到过这样一个心理学原理：通常来说，人们在公众面前宣布承诺时，承诺的效力会得到加强；绝大多数人在有见证者的情况下做出承诺后，往往都会努力地保持言行一致。

因此，在步入婚姻之际，举办一场公开的婚礼，并通过这样的形式，在宾客见证之下许下承诺，能够进一步增强人们对婚姻的忠诚和坚持。当人们有了较强的自我约束意识后，自然就能更加慎重地对待可能出现的诱惑，这样一来，婚姻的幸福指数自然有所提高。

　　所以如果选择婚姻，那么还是举办一场婚礼吧！生活需要仪式感，婚姻同样需要，只有做好承担责任和约束自我的准备，才能真正经营好一段婚姻。

Part 6

·
◇
●

准到骨子里的
微表情心理学

职场上的人际关系是最怪异、最复杂、最难控制的。既要小心翼翼地不冒犯任何人，又要将自己好的一面展现在别人眼前；既要寻求自我提升，又要其他人变得更好从而能帮助自己。拿来就用的微表情心理学，让你在职场上事半功倍。

如何用二十五分之一秒判断一个人在想什么

俗话说:"人心隔肚皮,知人知面不知心。"在复杂多变的人际交往中,了解他人的真实想法和情绪常常像是一场无声的挑战。我们每天与各种人打交道:在职场上力争上游,与爱人共度时光,或是与朋友畅谈心声。然而,无论是最亲密的伴侣还是并肩作战的同事,他们的真实感受往往隐藏在言语之下。

在紧张的面试中,HR 一闪而过的眼神是否透露了他对你最真实的看法?伴侣突然避开视线,那一瞬的面部表情暗示了什么?谈话中,当你小心翼翼地提出一个可能引起争议的见解,而对方只是轻轻一笑,那快速掠过的笑容背后,是真正的赞同,还是仅仅是礼貌的掩饰呢?

那么,有没有一种办法能够准确知道对方的真实想法呢?或者说,是否存在某种东西(事物),是人类无法掩饰的,就像渴了要喝水,饿

如果我们面对的是那些心有山川之险，胸有城府之深的人，刻意掩饰自己的真实目的和想法，想要获得真实信息，更是难上加难。

了要吃饭，困了要睡觉一样？其实，这里所说的都是生理反应，或者叫本能。

在心理学上，人的行为可以分为两种：天生（或本能）行为与学习（或习得）行为。

与生俱来的生理反应，通常指的是本能行为或反射行为，这些行为在很大程度上是遗传的，不需要通过学习来获得。例如，婴儿吸吮反射、眨眼反射和其他生存反射都是出生时就具备的。这些行为通常是为了应对基本的生理需求或保护个体免受伤害。例如疼痛反应、心率增加、出汗、瞳孔扩大、肤色变化（脸红）等。

后天习得的行为则是通过经验学习获得的，包括社会化过程中学习到的行为，通过观察、模仿或直接教育获得的技能和习惯。这些行为可能受到环境、文化、教育和个人经历的强烈影响。例如，社会礼仪、沟通技巧、职业技能、人际交往能力等。

生理反应在很大程度上是自动和无意识的，由我们的自主神经系统控制，这意味着它们不像有意识的行为那样容易直接控制或掩饰，这为我们揭示人们真实情绪和想法提供了一扇独特的窗口：微表情。

微表情的原理深植于人类面部肌肉的复杂网络和我们的自主神经系统之中，这构成了微表情的生理基础。人的面部有超过 40 块肌肉，它们以极其复杂的方式协同工作，允许我们表达一系列广泛的情绪。这些面部肌肉的微小变化可以产生微妙的表情，即微表情，这些通常是对真实情绪的无意识反应。

自主神经系统控制我们的心跳、呼吸和消化等生命维持功能，同时也调节我们的情绪反应，包括面部表情。当我们体验到情绪时，大脑的情感中心（如杏仁体）会被激活，并快速发送信号到面部肌肉，引发表情的变化。这一过程大多发生在我们的意识之外，因而，即使我们试图控制或隐藏我们的真实感受，这些快速的、自动的面部肌肉反应仍然会产生微表情。例如，在面对一个你不喜欢，却又不得不应付的人时，你的脸上可能会出现眉头微皱、嘴角轻微下拉或是瞳孔微缩等微表情，这些都是不耐烦的表现，也就是生理反应。紧接着，你学到的人际交往知识会让你脸上浮现出友好的笑容。

微表情之所以难以控制或伪装，正是因为肌肉的反应速度通常要快于我们的意识思维反应速度。换句话说，当我们遇到一个情感触发的事件时，我们的面部肌肉几乎立即反应，而我们意识到需要掩饰或改变表情时，那个最初的真实表情已经在短暂的瞬间展现出来了。

这种快速的面部肌肉反应是由于大脑与肌肉之间的直接神经连接，这些连接使得情感反应可以绕过较慢的认知处理过程，直接导致面部表情的变化。因此，微表情可以被视为一种更直接、未经加工的情绪表达，为观察者提供了捕捉个体真实感受的独特机会。

微表情被视为心理学和行为科学中一个强有力的工具，可以帮助我们解读那些言语无法传达，或者言语尝试掩饰的真实感受。它们跨越文化界限，表明了基本情绪如快乐、悲伤、恐惧、惊讶、厌恶、蔑视和愤怒的普遍性。通过学习如何识别和解读微表情，我们可以在各种交流，无论是职场、人际关系还是社会互动中获得更深层次的洞察力。

如何成为微表情大师

关于情绪，人类发明了很多词汇：快乐、悲伤、恐惧、惊讶、愤怒、厌恶、蔑视、焦虑、兴奋、满足、羞耻、内疚、感激、希望、失望、骄傲、同情、爱慕、嫉妒、安慰、无聊等。有时候，这些情绪会单独出现，比如买到心仪的商品时，我们会感到开心，遇到挫折时，我们会感到难过。不过，很多的时候，这些情绪可能会同时存在，比如又惊又喜，又爱又恨，有时候甚至看起来会有点矛盾，比如笑中带泪。例如，一个人可能在毕业典礼上同时感到快乐（因为成就感）和悲伤（因为即将离别好友），这种情绪的并存并不罕见，而是人类情感复杂性的一个体现。

关于大脑同时处理多种情绪的能力，现代心理学认为，人们的情绪体验是由多种因素共同作用的结果，包括个人的情绪调节能力、情绪的觉察度以及情境的具体细节等。我们的大脑通过不同的神经通路和大脑区域来处理和表达这些情绪，因此可以同时经历和展示复杂的情绪反应。

不过，不用太过担心，尽管在很短的时间内，一个人的面部可以展现出多种情绪的迹象。但在一个瞬间，人类的面部表情通常只能反映出一种主导情绪。

好了，接下来就让我们一起来看看，怎样才能成为一名合格的微表情大师吧。我们说过，人类发明了很多用来描述情绪的词汇，不同的研究者对于情绪种类的定义也不尽相同。比如，古人有"七情六欲"的说法，把情绪分为喜、怒、哀、惧、爱、恶（wù）、欲。美国心理学家克雷奇将情绪分为四个大类：原始情绪、与感觉刺激有关的情绪、与自我评价有关的情绪、与他人有关的情绪。我国心理学家林传鼎在《说文》中找到 354 个用来描述情绪的词语，包含了 18 类情绪。

无论哪种分类方法，每一类情绪都有独特的表现方式。拿我们常见的表情来说，笑就有开怀大笑、苦笑、冷笑、狂笑、坏笑、偷笑、似笑非笑、皮笑肉不笑，哭有呜咽、抽泣、痛哭、哭号、泪如雨下。这些情绪出现时，往往都伴随着独特的面部表情，想要一一记住并学会分辨，实在是太难了。那么，有没有一种更加简单的办法，能够将人类的情绪进行归类，并总结出对应的微表情，让我们能够在实际生活中运用呢？

这个问题实际上早就有了解决办法。美国心理学家保罗·艾克曼是研究脸部表情辨识、情绪与人际欺骗方面的泰斗，曾获美国心理学会颁发的杰出科学贡献奖，担任过 FBI、CIA、反恐小组等组织和机构的表情顾问。在四十多年的时间中，他研究了西方人、新几内亚人、精神分裂症患者、连环杀手、间谍等众多人群，总结出了人类的六种基本情绪：恐惧、快乐、悲伤、愤怒、厌恶和惊讶。几乎所有的人类表情，都能归纳到这六种基本情绪之中，为我们理解人类情绪和面部表情提供了宝贵的框架。

快乐：这个基本情绪包含了从微笑到大笑的所有表达形式。例如，当你遇到老朋友时的喜悦，或者听到一个笑话时的愉悦，都属于快乐的范畴。

悲伤：包括失去、失败或任何形式的痛苦感受。比如，失去爱人的哀伤，未能达成目标时的失落感，或是看到悲剧电影时的情感共鸣，都是悲伤的表现。

恐惧：这个情绪反映了对未知、威胁或危险的反应。例如，看恐怖电影时的害怕，即将进行重要演讲前的紧张，或是遇到蛇时的惊恐，都是恐惧的体现。甚至嫉妒也是恐惧的表现，它的基本逻辑是，害怕对方超越自己。

愤怒：这涵盖了从轻微的不满到极度愤怒的所有级别。比如，对不公平待遇的愤慨，被误解时的怒气，或是交通堵塞时的烦躁，都可以归于愤怒。

厌恶：这包括对不喜欢的事物、想法或行为的反感。例如，吃到不喜欢的食物时的反应，看到令人不舒服的场景，或是听到道德上令人不齿的事情，都是厌恶的反应。

惊讶：这个情绪反映了对突发事件的即时反应。比如，突然听到一个惊喜的消息，发现一个意想不到的礼物，或是遇到一位久未见面的朋友，都会引起惊讶的情绪。

表情基线

　　《荀子·非相》中有："形相虽恶而心术善，无害为君子也。"我国古代对于人的面相十分重视，长得"丑"的人，甚至会影响仕途。比如，三国时期的庞统长得浓眉掀鼻、黑面短髯、形容古怪，孙权在见到他时就当场下了逐客令。晋代著名文学家左思长得也不够标志，一直得不到赏识。唐末农民起义领袖黄巢，也因为"方头、红发、鼻孔上翻"被取消了科举资格。因此，我国古代的相面学十分流行，人们迷信通过观察面相就可以知道一个人的吉凶祸福、贵贱安危，甚至《汉书》中都专门收录了《相人》二十四卷。

　　在相面术中，有一种人被称为"苦命脸"。这类人天生面部扁平，脸颊凹陷，眉毛杂乱暗淡，颧骨高，嘴角耷拉，给人一种"苦大仇深"的感觉，似乎天生便带着悲伤的表情，这种人一般被认为命途多舛。

与"苦命脸"相对的是"福相",也就是所谓的"天庭饱满地阁方圆",眼角上扬,双眉细柔,鼻子高挺,这是标准的"官相"。还有一种天生自带笑容的面相。人人生而不同,这些复杂的面相,也给我们在判断微表情时出了一道难题。

除了天生的面相之外,后天的长期练习也会带来面部表情的变化。例如,空姐和大部分销售人员都要进行长期的微笑培训,以便在工作时随时能够保持微笑状态,给人以友善的印象,将内心所有的情绪隐藏起来,即使再生气,也要保持良好的形象。这种情况下,我们又如何判断某个人的微表情呢?

不用担心,这个问题也已经有解决办法了。在了解微表情之前,我们还要再了解一个概念:表情基线。

表情基线就是一个人在放松和自然状态下的标准面部表情和行为模式,它为我们提供了一个参考点,帮助我们识别个体的情绪变化。理解一个人的表情基线,就像了解他们的情绪语言,使我们能够更准确地解读他们的非言语信号。

观察一个人的表情基线,不用把整张脸的所有表情全都记录下来,而是要重点观察眉毛、眼睛和嘴。

眉毛的位置和形状变化能够揭示很多关于一个人情绪的信息。例如,当一个人感到惊讶时,眉毛会抬高;当感到愤怒时,眉毛可能会向内拉紧并下沉。观察一个人在放松状态下眉毛的自然位置,可以帮助你辨识出当他们的眉毛位置发生变化时可能经历的情绪。

眼角:眼睛被称为灵魂之窗,眼角的微小变化尤其能反映一个人的真实情感。快乐时，眼角会出现鱼尾纹，这是真正的微笑（也称为杜钦笑容）的标志；而紧张或不安时，眼角的肌肉可能会紧绷。观察一个人在自然状态下眼角的放松程度，有助于你识别出他们情绪变化的微妙信号。

嘴：嘴是表达情绪的另一个关键区域。微笑、咬唇、嘴角下垂都是情绪状态变化的重要指标。一个人在平静或放松时的嘴型是他们表情基线的一部分。注意他们在不同情绪下嘴部动作的变化，可以提供关于他们内心感受的重要线索。

通过专注于这些面部区域，我们可以更有效地识别和解读他人的情绪变化。这不仅仅是记录下他们每一个可能的表情，而是理解在特定情绪驱动下这些区域如何变化。这种观察技巧的提高，将使你能够更敏锐地捕捉到那些短暂且微妙的情绪表达，进而成为理解他人情绪的高手。通过真实的表情基线，我们可以判断那些做出来的假表情。

例如，假设你正在和一个朋友交谈，讨论一个对他可能有些敏感的话题。你注意到，虽然他的嘴角勉强上扬，试图展现出笑容，但他的眼睛并没有相应地变化，没有出现真正快乐时那种眼角的微小皱纹（也称为鱼尾纹），眉毛也没有轻松上扬的动作。这种不一致性——嘴角的强制笑容与眼部和眉毛表情的缺乏同步——可能表明他的笑容是做作的，而不是出于真正的愉悦感。

在另一个场景中，如果你观察到某人在听到负面消息时，眉毛向内聚拢并稍微下降，眼睛略显放大，而嘴巴保持紧闭或微微下垂，这些变化可能表明他们正在经历悲伤或担忧的情绪。对比他们平时放松时的表情基线——比如眉毛自然平直，眼神平静，嘴角处于自然位置——你可以更准确地识别出这种情绪的变化。

人类最古老的情绪

一棵枝繁叶茂的大树有多少树权呢？在自然环境下，它可能有从几十到几千个不等的分枝，尤其是那些生长了数十年甚至数百年的老树。例如，一棵成熟的橡树或红杉可能拥有成千上万个分枝，构成了复杂的生态系统，为多种生物提供栖息地。我们要了解这棵树，不必去搞清楚它的每一个分枝，而是要去了解它的主干部分。同样，我们要了解人类复杂的微表情，也不需要去搞清楚每个表情变化的含义，只需要去了解人类的那些基本情绪与对应的微表情。

前文说过，保罗·艾克曼通过长期研究，总结出了人类的六种基本情绪：恐惧、快乐、悲伤、愤怒、厌恶和惊讶，这些表情几乎涵盖了人类的所有情绪表达的方式，就像一棵大树的主要枝干一样。换句话说，我们只要了解了这些情绪状态下人的表情变化，就能分辨出一个人此时此刻的真实心理状态。

恐惧作为人类最古老的情绪之一，根植于我们的生存机制中，它起源于原始时期，当人类面临着各种各样的危险，如野兽的攻击、自然灾害、食物和水源的匮乏等。在这些环境中，恐惧情绪发挥了至关重要的作用。如果面对的危险过于强大，被大脑评估为"不可战胜""不可逃避"时，我们还可能出现仿佛被定身一样，"吓软"的情况。

随着时间的推移，尽管人类的生活环境和面临的威胁发生了变化，但恐惧情绪仍然是我们情绪反应中的一个核心部分。现代社会中的恐惧可能不再直接源自生理生存的威胁，而是更多地关联于社会、经济和心理层面的问题，如失业、社交恐惧或对未知的恐惧。

在心理层面，恐惧会表现出很多不同的状态。比如时下很流行的"社交恐惧症"，实际上是一种对于社交活动的紧张和不安；面临失业危机时，恐惧会以焦虑的形式出现；在封闭或狭小的空间中感到极度不安和恐惧称为"幽闭恐惧症"；面对不确定的未来或未知的结果时，感到恐惧和不安，常常表现为对改变的抗拒或对新环境的适应困难。这些都是恐惧的具体表现。

然而，有一定生活经验的人都会想到，即使是恐惧，也会有不同程度的表现。一个人在面临猛兽突然袭击时所表现出来的状态，和吃了过期食品所表现出来的不安绝对不同。所以，按照恐惧情绪从轻到重，可以把它分为四个状态。

轻度恐惧：这种恐惧感较轻微，可能会让人感到不舒服，但通常不会对个人的日常功能造成太大影响，一般表现为担忧。比如，担心春运买不到车票或赶不上末班车等。轻度恐惧时，我们的嘴唇会紧闭，嘴角向下倾斜，微微皱眉。

中度恐惧：这种恐惧的程度更高，可能会导致避免特定的情境或对象，影响个人的决策和行为。比如，面对即将到来的公开演讲，你感到紧张和不安，可能会提前几天就开始焦虑，练习时心跳加速，担心自己会忘词或表现不佳。这种程度的恐惧出现时，眉毛会呈现小幅度扭曲状态，眼睛比平时睁得大些，嘴巴基本保持松弛状态。

严重恐惧：严重程度的恐惧会显著干扰个人的生活，可能导致强烈的身体反应和避免行为，严重限制了个体的日常活动。比如，有些人对蜘蛛的恐惧达到了十分严重的程度，以至于在家中见到蜘蛛时会引发极度恐慌，导致无法靠近任何可能藏有蜘蛛的地方，甚至影响到日常生活。这种程度的恐惧出现时，我们的眉毛会抬升，眼睛睁大（睁大的程度决定了恐惧的程度），嘴巴略微张开。

恐慌级别的恐惧：最极端的恐惧形式，可能会导致恐慌发作，这是一种突然的、过度的恐惧或不适感，伴随着心跳加速、呼吸急促、出汗、颤抖等身体症状。例如，在遇到突发自然灾害或火灾时，我们的身心会处于极度的恐慌之中。不过，这种情况在现实中比较少见。出现这种程度的恐惧时，我们的双眉会不自觉地上扬并向眉心聚拢，眼睛睁大，嘴巴张开并向两耳的水平方向拉神。

可以看出，随着恐惧程度的递增，我们的眉毛会不自觉地增加抬升和向眉心聚拢的幅度，眼睛会不断睁大，嘴巴也会逐渐张开并向双耳水平方向拉伸，因此，我们可以从这些特征判断出某人心里的真实想法。

看到这里，不妨做个小练习，拿出镜子或用手机摄像头，记录下来自己的表情基线，再根据了解到的恐惧表情，看一看自己恐惧时的四种状态是什么样子的。

快乐的秘密

　　快乐是人类最美好的感情，也是人类追求的终极状态，一个令我们心跳加速、嘴角上扬的神奇力量。在快乐的瞬间，世界似乎变得更加鲜活，色彩更加鲜艳，我们的存在感也变得更加强烈。快乐不仅仅是一种心理状态，它是我们与生俱来的权利，无论是在平凡的日常还是在人生的重大时刻，它都是生活中不可或缺的调味剂。

　　孩童的欢笑声，老人脸上满足的微笑，快乐以各种形式存在于我们的生活中。它既可以源于一次意外的惊喜，也可以来自一段深刻的人际连接。快乐的本质复杂而多样，它可以是一顿美味的晚餐、一次成功的挑战、一段温馨的家庭时光，或是一次心灵的触动。每一种快乐都是独一无二的，正如每个人的幸福定义一样多元和个性化。

　　不过，生活中，我们经常会见到假笑的情况。譬如在服装店试了很多衣服，最后决定在网上买，店员此时的微笑就是标准假笑。又比如，聚会上，一个不怎么熟悉的朋友讲了个不怎么好笑的笑话，我们此时的表情也是假笑。再比如，面对自己没有看对眼的相亲对象时挤出的微笑，可以称为"尬笑"。

那么，如何分辨真笑和假笑呢？人类的笑容是由几块关键的肌肉控制的。

颧肌：这是控制嘴角向上拉的主要肌肉，当它收缩时，可以使嘴角上扬，形成笑容。颧肌的活动是生成真诚笑容的关键部分。

颧小肌：它位于颧肌的上方，帮助进一步拉动上唇，增强笑容的表达。

眼轮匝肌：这个肌肉环绕眼睛，当我们真心笑时，它会收缩，形成眼角的皱纹（俗称"鱼尾纹"），这是真诚笑容的一个重要标志。

升唇肌：这个肌肉帮助抬高上唇，与表达微笑和露齿笑有关。

颏肌：位于下巴区域，它的收缩可以影响下唇的位置和形状，间接参与笑容的表达。

颏带肌：虽然主要位于颈部，但其收缩参与表达宽广的笑容时，下颌和颈部皮肤的拉紧。

即使一个人的假笑看起来十分热情饱满，能够"骗过"大部分人，但这些肌肉也不会骗我们。19世纪，法国神经学家吉尔·达钦通过电刺激面部肌肉的实验发现，真诚的笑容不仅涉及控制嘴角上扬的颧肌，还涉及控制眼周肌肉（特别是眼轮匝肌）的自然收缩，产生眼角的皱纹（俗称"鱼尾纹"）。这种笑容被视为表达真正的愉悦和快乐的标志，称为"达钦微笑"，也就是我们所说的"真笑"。

虽然真笑和假笑都会用到颧肌，使嘴角上扬，但真笑时嘴角上扬的幅度更大，看起来更自然和放松。假笑时，嘴角的上扬可能看起来更刻意，缺乏自然流畅的感觉。

笑容作为快乐的一种直观表达，也拥有不同的程度，它们反映了从轻松愉悦到深刻喜悦各种层次的情绪状态。就像恐惧有从轻微紧张到极端恐慌的不同程度一样，笑容也可以展示出快乐感受的丰富维度。

微笑：最轻微的快乐表达形式，通常是出于礼貌或对轻松愉快情境的自然反应。微笑时，嘴角轻轻上扬，眼睛的表情相对平静，这种笑容简单、含蓄，但足以传递温暖和友好的信号。

愉悦的笑容：当感受到较为明显的快乐时，笑容会更加开朗。嘴角的上扬更为明显，眼睛可能轻微皱起，形成所谓的"鱼尾纹"，这种笑容真诚且感染力强，能够明显感受到个体的内心愉悦。

开怀大笑：在快乐感受达到一定高度时，会表现为开怀大笑。这时，笑容涉及了面部的多个肌肉，包括眼睛紧闭，脸颊上扬，嘴巴大张，多数情况下伴随着笑声。开怀大笑是快乐情绪的爆发，能够极大地提升周围人的情绪，具有极强的传染性。

喜极而泣：在极度快乐的情况下，我们甚至可能会出现喜极而泣的现象，这是快乐情绪达到了一种极致的表达。此时，笑容中夹杂着泪水，表达了一种复杂但强烈的情感体验，通常与深刻的个人意义或生命里程碑事件相关联。

从这张图可以看出，笑容的饱满程度，与眼睛眯起来的程度、嘴角张开和露出牙齿的程度、双耳水平方向拉伸程度呈正相关。从这几个部位的状态，我们就能够判断一个人的开心程度。

现在，让我们拿出镜子，看一看自己假笑和真笑时都是什么样子。如果笑不出来，可以想一想那些令人尴尬的社交场合，这时你的假笑就会自然流露。再想一想真正令你感到幸福和愉悦的事情，这时你的笑容就是饱满而真诚的。

古希腊有句十分著名的谚语：认识你自己。生活中，我们会面临很多两难的选择，或是感情，或是事业。在思考如何选择时，不妨拿出镜子仔细观察自己的表情，即使大脑有时候会欺骗你，微表情却不会。这时，你或许就有答案了。

一颗孤独的星球

想象一下，你独自生活在一颗星球上，这颗星球上只有你和另外两个巨人，他们体型巨大，对你来说就像是两座小山一样。巨人会给你提供衣食住行等一切物质条件，让你能够吃饱穿暖，为你遮风挡雨。不过，有一个附加条件，你必须听他们的话，而且你无法从外界获得任何资源。你想要的东西，必须恳求他们才能获得，有时候，无论你怎么恳求，他们都不肯给你。大部分情况下，他们对你都是温和的。但有时候，他们也会雷霆震怒，对你进行痛骂甚至出手打你，这时候，你能做的只有请求他们停下。这其实就是孩子们生活的世界。

正是出于这个原因，孩子们似乎天生就喜欢哭，而他们哭的时候，都与绝望这种情绪密切相关。比如，想要买一个玩具，家长不同意，或者想要吃糖，想要出去玩被否定之后，哭是他们能够想到的唯一办法。成人的悲伤其实也一样，它产生于失去、被拒绝、未达到期望而无力改变的现状。正如孩子们在面对巨人的世界中感到无助和绝望一样，成人在遭遇挫折、失去亲人、职业失败或是感情破裂时，也会感受到深刻的悲伤。这种悲伤源自我们对事物的依恋和期望，以及随之而来的失落感和无力感。

孩子在痛苦时的哭泣表情，为我们提供了人类在面对悲伤和痛苦时情感反应的直观窗口。通过观察孩子们的哭泣，我们可以看到几个典型的面部表情：眼睛紧闭或半闭，这有助于减少刺激，同时集中情绪表达；眉毛紧锁并向鼻梁方向聚拢，形成明显的皱纹；嘴巴张开并向两侧拉伸，下唇肌肉向上拱起，遮住部分下齿。从生理角度来看，这是最利于发出声音的嘴型。张开嘴巴增加了声道的开放性，使得呜咽声、哭泣声或尖叫声更易于发出。下唇肌肉的这种特定动作有助于调节声音的音质和强度，使得情绪的声音表达更加直接和强烈。

在成人的世界里，我们通常不会像孩子那样通过痛哭来表达悲伤，但我们内心的绝望和苦楚并不比孩子们少。我们可能会选择沉默、抽离，或是通过其他方式来处理我们的悲伤情绪，只有在独处时才会展露自己脆弱的一面。因此，当悲伤出现时，成人的表达往往更加含蓄。比如，闭着嘴哭泣，也就是我们通常所说的默默流泪。这时，我们的眉毛会先向下压，再向上提升，形成一种复杂的眉毛形态。

眉毛也会说话。

　　即使在哭泣结束之后，这种眉毛形态也不会马上消失，这是我们判断的重要依据。当我们默默承受悲伤时，嘴角会不自觉地向下拉，形成一个向下的弧度，同时嘴唇紧闭，表现出一种克制；在某些情况下，上唇可能轻微上扬。

　　还有一种更加"磨人"的悲伤，能够持续很长时间。比如与恋人分手，亲人离世，项目失败等，这种悲伤看起来似乎更加平静，但对我们造成的影响却不容小觑，这就是所谓的平静的悲伤。这时，我们的眉毛仍然会维持哭泣时的形态，不过程度更轻，嘴部状态的变化，需要认真观察才能看出。

　　不过，悲伤与快乐一样，都是我们必须经历的生命旅程，它并不完全是消极的存在。悲伤让我们学会了如何面对生活中的失落和挑战，它是成长和自我反思的契机。通过经历悲伤，我们能够更加深刻地理解自己的情感，认识到哪些事情对我们真正重要。这种情绪还能促使我们发展出同情心，更好地理解和感受他人的痛苦与困境。

悲伤虽然可能带来短暂的痛苦，但也是自我发现和个人成长的重要途径。它提醒我们珍惜身边的人和事，激发我们对生活的热爱和感激之情。在悲伤中，我们学会了放手，学会了原谅，更重要的是，我们学会了勇敢地继续前行，即使前方道路充满未知。

因此，接纳悲伤，理解它的价值和意义，是理解生命全貌的重要一环。正如夜空中的星星，只有在最黑暗的夜晚才能发出最耀眼的光芒。通过悲伤的经历，我们的内心也能变得更加坚韧。在生命的旅程中，无论是快乐还是悲伤，都是构成我们丰富多彩人生经历的重要部分。

正如孩子们最终学会如何表达和管理自己的情绪一样，成人也可以通过经历和学习找到更健康的方式来应对悲伤。学会接受失去是生活的一部分，允许自己感受和表达悲伤，同时也寻找前进的动力和希望。通过这个过程，我们不仅能够更好地理解自己，也能够增强我们与他人的联系，因为共同的经历和感受使我们更加亲近和理解彼此。

每个人都生活在一颗孤独的星球上，无论是作为孩子生活于巨人之下，还是成人面对复杂世界的挑战，悲伤和绝望都是我们情感旅程的一部分。学会正视和处理这些情绪，不仅是成长的标志，也是我们与这个世界和谐相处的关键。

•
◇
●

沧浪之水

屈原是个充满愤怒的人，他在《卜居》中写道："世溷浊而不清：蝉翼为重，千钧为轻；黄钟毁弃，瓦釜雷鸣；谗人高张，贤士无名。吁嗟默默兮，谁知吾之廉贞！"这是对当时社会的深刻控诉，字字泣血，句句诛心。最终，不愿与世界和解的屈原选择了离开，投身跃入汨罗江中。

很多时候，愤怒都能够给我们力量，让我们有勇气面对不公和挑战。不过，有的时候，愤怒则会成为插向自己和他人的一把利刃。比如，很多人开车时有"路怒症"，只要踩上油门，握上方向盘，就像是变了个人一样，嘴里骂声不断，手上动作不停，更有甚者还会恶意别车，最终酿成惨剧。

愤怒的产生，常常由外界事件触发，比如被人误解、受到不公正待遇或是个人权益受到侵犯等。如"路怒症"，驾驶者之所以愤怒，就是认为他人触犯了规则或侵犯了自己的利益。

对事件的主观解释和评价在愤怒的产生中起着决定性作用。当个人认为某一事件是故意的、不公正的或侵犯了个人的界限时，更容易产生愤怒反应。例如，屈原认为世间污浊，于是愤怒无以自处。在另一篇楚辞《渔父》中，屈原被流放后遇到了一位渔夫，渔夫问他："你堂堂三闾大夫，是如何流落到这步田地的？"屈原回答："举世皆浊我独清，众人皆醉我独醒，是以见放。"渔夫说："世人皆浊，何不淈其泥而扬其波？众人皆醉，你为什么不一起同醉呢？"屈原说："我宁可葬身鱼腹，也不要同流合污。"渔夫说了一句十分有哲理的话："沧浪之水清兮，可以濯吾缨；沧浪之水浊兮，可以濯吾足。"对同一件事物，与屈原的愤怒相比，渔夫表现出的则是豁达。

也就是说，愤怒情绪通常产生于我们心中的期望、信念或价值观与实际遭遇的现实情况之间的反差或冲突。当我们觉得现实与我们的期望不符、感到被不公正对待，或是我们的需求和权利被忽视或侵犯时，就可能产生愤怒。这种反差触发了我们的情绪反应，作为一种心理和生理上的防御机制，愤怒旨在激发我们采取行动，以纠正被感知为错误或不公平的情况。

因此，当愤怒情绪产生时，人往往会变得具有攻击性，在一瞬间进入原始社会的"狩猎状态"，在这种状态下，人体会释放一系列的激素（如肾上腺素和皮质醇），准备身体进行快速反应。这可能表现为攻击性行为（战斗），目的是直面并解决引起愤怒的问题，或者表现为避免行为（逃跑），试图脱离导致愤怒的情境。攻击性行为并不总是物理上的，它也可以是言语上的或通过其他行为来展现。

典型的愤怒情绪表现为上眼睑抬升至最大幅度，下眼睑紧绷，这是为了更大程度地睁开眼睛，能够更加清楚地看到潜在的威胁或对手，表现出"怒目而视"的状态；想要做到这一点，我们的眉毛会被不自觉地向中间挤压，在双眉之间形成褶皱；鼻孔扩张，这有助于增加氧气摄入，准备身体进行可能的物理反应；嘴巴张大露出"尖牙利齿"，进入战斗状态。

试一试，努力把眼睛睁到最大，这时你就能在脸上看到"怒目而视"的表情。

另一种愤怒的典型表现是"咬牙切齿"，这时，我们的眉形与眼睛睁开的幅度会减少，同时双唇紧闭。由于牙关紧咬，我们的下巴和颌部的肌肉也会变得紧绷，这可能使得下颌线条更加明显，有时甚至可以看到颌部肌肉的轮廓。我们的嘴角会不自觉地下垂并向双耳平行方向拉伸。在愤怒的情绪下，特别是在"咬牙切齿"时，人们的呼吸可能变得更浅更快，这是身体准备应对危机的一部分生理反应。愤怒情绪还可能影响到整个身体的姿态，例如身体前倾、肩膀紧绷，甚至双手紧握成拳，准备采取行动。总结起来，察觉愤怒情绪的关键，在于眼睛睁开的幅度，眉毛向中间挤压的程度和嘴部动作。

愤怒是不可避免的。每个人的成长环境、经历、教育和文化背景都不相同，这些因素共同塑造了个体的价值观、信念和对世界的理解。因此，人们在面对相同的事件或现象时，可能会有截然不同的反应和看法。

正因为每个人都有自己独特的视角和看法，社会才如此多元和丰富。这种多样性既是挑战也是财富，它要求我们学会尊重和理解不同的观点，即使这些观点可能与我们自己的相悖。通过交流和对话，我们可以更好地理解他人的立场和感受，增进相互之间的理解和尊重。

在多元化的社会中，认识到自己的价值观可能只是众多观点中的一种，开放和接纳不同的看法，可以帮助我们成为更加包容和理解的人。正如老渔夫所说："沧浪之水清兮，可以濯吾缨；沧浪之水浊兮，可以濯吾足。"

保持边界感

　　我们办公室有个同事，自诩风趣幽默，很喜欢开玩笑。有一次，他看到朋友圈有人晒一家三口的合照，孩子有两三岁的样子，他在人家下面评论"秀恩爱，死得快"，还扬扬得意地拿着给其他同事看。没想到几分钟后人家的电话就打过来了，把他臭骂了一顿拉黑了，从此老死不相往来。又有一次，一位身材丰满的女同事穿着一件小西服，看上去有些不合身，他立马开口说："呆子，你怎么把猴哥的衣服穿上了？"女同事不想理他，白了一眼走了，他乐得哈哈大笑。

　　无论是那位朋友还是这位女士，对"幽默哥"的态度都是厌恶。这种厌恶，前者是源自气愤，对孩子最忌讳说"死"字。后者的厌恶则是源自尴尬和羞辱。被嘲笑身材，尤其是在公共场合，往往会让人感到自尊受损，这种情绪的伤害往往比身体上的伤害更难以愈合。所谓的"幽默"如果建立在伤害他人的基础上，那么这不是真正的幽默，而是缺乏同情心和敏感度的表现。

厌恶是一种复杂的情绪，它可以由多种因素引发，包括感官体验、道德判断、心理反应等。

感官体验：最直接的厌恶源于感官体验，如对特定食物的味道、气味或外观感到反感，或者是对身体分泌物、腐败物质等自然产生的厌恶反应。这种厌恶本能起源于进化过程中对有害物质的避免，以保护个体免受疾病和中毒。

道德和社会规范：人们对违反社会规范、道德或伦理行为的厌恶，比如欺骗、背叛、不公正行为等。这种厌恶反映了社会价值观和个人信仰对行为的评价。

心理反应：某些情境或行为可能触发个体的心理防御机制，引起厌恶情绪。例如，与死亡、疾病或伤害相关的事物可能引发人们的厌恶，因为它们让人想到自己的脆弱性和终极结局。

个人经验和学习：个人过去的经历也可能导致对特定事物或情境产生厌恶。如果一个人曾经因为吃某种食物而感到不适，他可能会学会避免这种食物，并对其产生持续的厌恶感。

情绪感染：人们有时也会通过观察他人的反应来学习厌恶。比如，看到别人对某种食物或行为表现出厌恶，自己也可能因此而感到厌恶。

厌恶的表现形式也多种多样，可以表现为轻蔑、反感、恶心、不耐烦、不安和焦虑等。当厌恶达到极致时，会表现为呕吐。为了更方便地呕吐，人会本能地把嘴张到最大，同时紧闭双眼，眉头紧皱，这是为了减少视觉刺激。另外还伴随着颈部肌肉紧张，以帮助推动胃内容物的排出。在这个过程中，人可能会经历强烈的恶心感，眉头紧皱，面部表情扭曲，显示出极度的不适和反感。其他厌恶的表情，都是从呕吐中衍生出来的，所不同的是嘴巴的表现方式。

在表达仅次于呕吐的厌恶感时，我们通常会关闭一切与外界接触的通道，包括眼、耳、鼻、嘴，断绝听觉、视觉、味觉、嗅觉、触觉，这是人体的本能反应。因此，在表情上，通常表现为紧闭双眼，眉头紧皱，嘴巴紧抿，鼻子皱起，想一想自己最讨厌的气味，这个表情就可以很轻易地做出。

再次一级的厌恶，我们的眼睛会睁开，嘴巴也会张开向双耳的平行方向拉伸，眉毛的表现程度略微降低。比较有趣的是不屑。在我们表达不屑时，嘴角会轻蔑地上扬。这种轻微的嘴角上扬，尤其是如果只发生在脸的一侧，往往传达了一种轻蔑的情绪，表示对某件事或某人的不尊重或轻视。目光往往十分冷漠，不会与对方产生眼神接触，或者通过冷冷的上下扫视来表达对对方或对方言行的轻视。不屑作为一种厌恶情绪的表现，通常指向对某种行为、观点或人的评价，表达了一种主观的贬低和排斥。不同于极端的厌恶反应（如呕吐），不屑更多地涉及心理和社会层面的评价与判断。

不过，在通常情况下，即使表达不屑，人们也不会表现得那么明显。这时，我们可以通过观察微笑的偏斜——尤其是当这个微笑快速出现又消失时，目光快速偏离，眼神的扫视（往往十分短暂）。如果这些都没有，还可以通过鼻子的轻微扩张，鼻尖抬高（通常会在两侧形成鼻唇沟）来判断对方的真实态度。

需要强调的是，鼻子形态的变化作为不屑情绪的表达相对较为微妙，可能需要结合其他面部表情或情境线索来综合判断。此外，个体差异较大，同一动作在不同人身上可能代表的含义也不尽相同。因此，在尝试解读这些非言语线索时，保持谨慎和开放的态度是很重要的，避免过度解读或误解他人的意图。理解和识别非言语的情绪表达是一项复杂但有价值的技能，需要时间和实践来培养。

我们之所以重视别人的厌恶情绪，是因为人际交往中必须保持一定的距离，很少有人会喜欢没有边界感的人。适当的边界感不仅有助于促进彼此间的相互尊重，还能保护个体的隐私权，减少误解和冲突的发生，同时增强个人的自主性。通过明确界限，每个人都能清楚地知道哪些行为是可以接受的，哪些是不被欢迎的，这有助于每个人在相互交往时既感到亲近又保持必要的个人空间。

因此，当我们在人际交往中感受到他人的厌恶情绪时，应视之为一种信号，提示我们可能已经侵犯了对方的个人界限。这要求我们反思自己的行为和态度，必要时进行调整，以确保与他人的关系健康发展。同样重要的是，我们也应勇于表达自己的界限，明确告知他人哪些行为是我们无法接受的，这不仅是对自己权益的保护，也是建立相互尊重人际关系的基础。

惊讶是人生最大的财富

康德说："惊奇是人生最大的财富。"

惊讶作为一种情绪反应，常常在我们遇到出乎意料的事件、信息或发现时涌现。它既可以是愉快的惊喜，也可以是震惊的惊愕，但不论其性质如何，惊讶总是丰富了我们的情感体验，激发了我们对世界的好奇和探索欲。在人类的情感谱系中，惊讶犹如一抹亮色，给我们的生活增添了不确定性的魅力和探索未知的动力。从孩提时期对新奇事物的好奇探索，到成年后对生命意义和宇宙奥秘的深刻反思，惊讶贯穿于我们生活的每一个阶段，不断引领我们跨出舒适区，探寻世界的无限可能。

当惊讶的神情出现时，我们的第一反应会是什么呢？第一反应是睁大双眼，这是我们身体对惊讶情绪的直观反应，也是一种深植于我们本能的行为。当面对出乎意料的事件或信息时，我们的大脑迫切需要更多的信息来快速评估和理解所发生的情况。在这一刹那，我们不仅是通过视觉，而且是全身心地投入到了这种探索和理解的过程中。

这种睁大双眼的行为，不仅是视觉上的反应，它还代表了我们对未知的渴望和好奇心的体现。无论是对一项惊人的科学发现，还是对一个突如其来的好消息，我们的第一反应都是尽可能地吸收每一个细节，以便更全面地理解这一刻的意义。这种反应是我们认知过程的一部分，它促使我们去探索、去学习、去适应新的情境。

同时，睁大双眼也是一种心理上的准备，它使我们能够更好地应对可能随之而来的变化或挑战。在这一过程中，我们可能会经历从惊讶到接受的转变，这是一个个人成长和适应的过程。通过这种经历，我们不断地扩展自己的认知边界，提高对复杂世界的适应能力。

睁大双眼的同时，我们的眉毛也会被相应地抬高，这是额肌、眼轮匝肌和升眉肌共同作用的结果。

不过，新鲜事物对我们来说不仅仅代表着新知，也同样代表着未知的危险。因此，伴随着睁大双眼的动作，我们的嘴巴也会不自觉地张开，这是为了尽最大可能摄入更多空气，为接下来的行动做好准备。因此，不同于愤怒时的嘴部向双耳平行拉伸，惊讶时的嘴部张开更加自然，是一种最为省力的方式。因此，在惊讶时，我们面部其他部位的肌肉不会出现过多的动作来消耗不必要的能量，它与其他强烈的表情不同，一切看起来都是自然发生的，既没有紧皱的眉头，也没有过度拉伸的嘴角。

与其他表情一样，惊讶也有程度的区分，我们可以把上面的表情用震惊表述。

随着惊讶程度的降低，我们的反应也会相对变得更加内敛和微妙。在面对那些不那么震撼但仍然出人意料的消息或事件时，我们的面部表情和身体语言可能只会展现出轻微的变化。这些变化虽然不如直接面对巨大惊喜或震惊时那样明显，但仍然传达了我们对新信息的处理和适应。例如，轻微的惊讶可能只会使我们的眼睛稍微睁大，而嘴巴的张开程度也不会太大，这种情况下的眉毛抬升也会更为微妙，不像是在极度惊讶时那样显著。

在这种轻度的惊讶中，我们可能会倾向于快速地评估信息，然后迅速恢复常态。这种适应性的反应不仅展示了我们对环境变化的灵活性，也体现了人类对不同情境的敏感度和处理能力。即便是轻微的惊讶，也能激发我们的好奇心，促使我们去探索更多的背景信息或细节，以更好地理解发生了什么。

此外，惊讶的情绪也能加深我们对生活经验的感知和记忆。哪怕是轻微的惊讶，当它与特定的事件或信息联系在一起时，也能使那一刻在我们的记忆中变得更加鲜明。这不仅因为惊讶本身带给我们的心理和生理反应，也因为它让我们的大脑更加专注于那些非常规的、打破常态的元素。

无论是震惊的惊讶还是轻微的惊异，惊讶作为一种情绪，都在我们的生活中扮演着重要的角色。它不仅丰富了我们的情感体验，也促进了我们对世界的探索和理解。通过不断地遇见和适应新奇的事物，我们逐渐学习、成长，并不断扩展自己的视野。

惊讶的瞬间，是我们生命中的闪光点。它可以是一朵突然绽放的花朵、一个意想不到的赞美，甚至是一次生活的巨变。这些时刻打破了我们的日常循环，给予了我们感受生活深度和广度的机会。在这些惊讶之下，我们可能会发现自己对世界的看法和理解发生了改变，或是对生活有了新的认识和感悟。

辨别谎言的微表情必修课

达尔文说："大自然一有机会就要说谎。"在自然界中，我们能看到各种生物的"谎言"。在漫长的进化过程中，无数生物发展出了令人惊叹的伪装技巧，以躲避捕食者、吸引猎物或伴侣。

拟态蝴蝶能够模仿其他有毒蝴蝶的外观，使捕食者误以为它们是有毒的，从而避免攻击。这种模仿策略是一种生存的谎言，帮助它们在没有真正拥有防御能力的情况下保护自己。树栖蛙的颜色和树皮极为相似，使它们在树上几乎难以被发现。这种伪装让它们能够静静地等待猎物，同时避免成为其他捕食者的目标。杀手虫会收集和覆盖自己身上的尘土和死去猎物的碎片，以此伪装自己，接近猎物时不易被察觉。更神奇的是，某些兰花的花朵能够模仿雌性昆虫的外观和气味，吸引雄性昆虫前来"交配"。在这个过程中，昆虫背部会沾上花粉，并在访问下一朵花时帮助兰花进行授粉。

　　与动物们在自然界中使用伪装和模仿作为生存策略相似，人类社会同样充满了谎言。这些谎言可能是为了照顾自己或他人的感受，也可能是出于个人利益、欺骗、适应社会等多种原因。人类的谎言比动物的伪装更加复杂多样，涵盖了从简单的日常小谎到改变历史进程的重大欺骗。这些谎言，有时候是善意的，有时候是恶意的，有时候是为了避免尴尬，有时候甚至是为了欺骗自己。

　　正是因为谎言如此多，我们每个人都想要学会分辨谎言。热恋中的情侣，最关心的问题是对方是不是真的爱自己；商业活动中，客户的每一句话对我们都至关重要；在人际交往中，识别谎言能够帮助我们更好地理解对方的真实意图和情感状态，从而作出更合理的反应和决策。在信息爆炸和复杂多变的现代社会中，分辨谎言不只是一项实用技能，更是批判性思维能力的体现，可以使我们能够更加深入地分析和理解信息。

　　在微表情层面，谎言有很多表现。认真观察一个孩子，你会发现他们在撒谎之后，会下意识做出捂嘴、捂眼、捂耳、把手放进嘴里等动作。这些动作通常被解读为一个下意识的尝试，用以隐藏说谎者的虚假表达，或是试图"阻止"谎言的流出。

　　这一行为背后的心理机制可能与内疚感、焦虑或恐惧被发现的紧张感有关。在心理学中，捂嘴或捂眼动作被认为是一种"遮掩"行为，意在隐藏个体的情绪反应或欺骗的迹象。对儿童而言，这种动作可能更多是直观和本能的，因为他们的自我控制和社交技巧还在发展中，对社会规范和期望的理解也不如成人深刻。

此外，这种行为也反映了儿童对成人反应的预期和对社会交往规则的学习。孩子们通过观察和经验学习到，说谎可能会引起负面后果或不被接受，因此他们试图通过捂嘴等身体语言来"修正"或掩盖自己的行为。

不过，对于成人来说，这样的动作显得太过明显。随着年龄的增长，捂嘴的动作会变得更加隐蔽，通常情况下会被摸鼻子、揉眼睛、摸耳朵、用手虚掩嘴部或假装咳嗽来进行掩盖，这些都是常见的撒谎者下意识的小动作。

需要注意的是，这些动作并不总是与撒谎直接相关。它们也可能是紧张、不安、疲劳或其他原因引起的无意识行为。因此，在尝试解读这些非言语信号时，重要的是结合具体情境、个体的行为习惯以及其他相关信息来综合分析。

有时候，这些方法对于高明的说谎者很难起到作用。很多说谎者都会提前准备谎言，完善逻辑，弥补漏洞，甚至在镜子前进行大量练习，尽最大可能保持自然。不过，即使如此，说谎者仍然会表现出一些反常的举动。

比如，他们的眼睛会一直盯着你看，这是想要确认你是否相信他们的话。不过，这种凝视和眼神交流在我们日常生活中很常见。很小的时候，我们就在课本上学过"说话时，眼睛要看着说话的人"，这是一种真诚的表达方式。那么，这两种情况该如何区分呢？

英国心理学家米歇尔·阿基利的研究指出，适当的视线接触是有效沟通的关键因素之一，正常情况下，谈话双方视线朝向对方脸部的时间占 30%～60%，超出这个界限，就有可能存在问题。

一般来说，日常生活中存在三种凝视：社交凝视、亲密凝视和控制凝视。

社交凝视主要用于日常的社交互动中，目的是建立或维持联系，展现友好和兴趣。社交凝视通常涉及适度的眼神接触，既不过分强烈也不回避，以表示礼貌和开放性，焦点往往集中于双眼和嘴部之间的三角地带。

亲密凝视表达了一种更深层次的情感联系，通常出现在恋人、家人或亲密朋友之间。亲密凝视的特点是持续时间较长、更加集中，可能伴随着柔和的微笑或其他亲密的非言语行为，如轻触或拥抱。亲密凝视的焦点往往集中于眼睛、下巴、嘴部及腹部以上的位置。

小 TIP：如果你想知道一个人是否真的爱你，观察他 / 她的凝视方式是一个很不错的选项。

控制凝视用于表达权威、控制或支配，常见于权力结构明显的社会关系中，如上司对下属、教师对学生。控制凝视可能包含长时间的直视，目的是在沟通中占据主导地位或施加压力。控制凝视的焦点一般集中于前额正中的三角地带。

说谎时，凝视的方式更接近于控制凝视，但带有明显的不自然或过分控制的特点。部分撒谎者可能会减少眼神接触，以避免被识破。他们担心持续的视线接触会泄露自己的不诚实或让对方看出其紧张和不安。相反，一些撒谎者可能会刻意增加眼神接触，试图通过过分自信或直视对方的眼睛来显得更可信。这种行为是一种过度补偿的控制凝视，目的是说服对方并隐藏谎言。

眨眼频率也是判断谎言的一种行之有效的方式。正常情况下，一个人的眨眼频率是每分钟 1~3 次，每次眨眼的时间大约是十分之一秒。不过，研究发现，说谎者的心理压力会骤然增加，眨眼频率可以达到每分钟 15 次。

然而，需要注意的是，眨眼频率的变化不应单独作为判断个体是否在撒谎的依据。因为眨眼频率的增加也可能与其他因素相关，如眼睛干涩、视觉疲劳、某些药物的副作用或其他情绪状态（如惊讶或激动）。因此，在利用眨眼频率作为识别谎言的工具时，应该结合其他非言语行为（如面部表情、姿态、手势等）和言语线索（如回答迟疑、内容矛盾等），以及具体的上下文信息进行综合分析。

此外，我们还可以通过眼球的运动轨迹来判断一个人说话的真实性。神经语言程序学（Neuro-Linguistic Programming）（简称 NLP）认为，眼球向左上方移动是在回忆视觉记忆，这意味着说话者可能在尝试回想真实发生的视觉细节。而眼球向右上方移动则可能表示在构建视觉想象，即可能在创造或想象一些未曾发生的视觉信息。

同样地，如果某人在回答问题时眼球向左侧移动，这可能表示他们在回忆听到的声音，而眼球向右侧移动则可能意味着在构建或想象声音。需要注意的是，这些关于眼球运动的解读依然存在争议，许多心理学研究和实验结果对 NLP 理论中的这一部分提出了质疑。

　　最后，必须指出的是，以上我们提到的所有方法都不是绝对的真理，在使用时要谨慎再谨慎，更为准确的做法是结合多种方式进行综合分析，得出的结论才能够最为接近事实。